Pfarrer Dr. Alfons Maria Wachsmann

Vom christlichen Gnadenleben

Ein Cyclus von Fastenpredigten

PFARRER DR. ALFONS MARIA WACHSMANN

VOM CHRISTLICHEN GNADENLEBEN

EIN CYCLUS VON FASTENPREDIGTEN

Impressum

Bibliografische Information der Deutschen Nationalbibliothek:
Die Deutsche Nationalbibliothek verzeichnet diese Publikation in der Deutschen Nationalbibliografie; detaillierte bibliografische Daten sind im Internet über http://dnb.dnb.de abrufbar.

© 2021 Katholische Kirchengemeinde Pfarrei St. Otto Usedom-Anklam-Greifswald, Bahnhofstr. 15, 17489 Greifswald

Vom christlichen Gnadenleben - Ein Cyclus von Fastenpredigten
Verfasser: Pfarrer Dr. Alfons Maria Wachsmann (25.01.1896-21.02.1944)
GND: http://d-nb.info/gnd/124706932
Alfons Maria Wachsmann veröffentlichte die Fastenpredigten ca. 1933 in Breslau im Franke Verlag mit der Widmung: Meiner Mutter und Schwester!
Valeska Wachsmann (geb. Fluche; 26.10.1860-17.12.1941 Greifswald) und
Maria Wachsmann (genannt Minka; 11.05.1894 Berlin-20.05.1965 Greifswald)

Herausgegen anlässlich des 125. Geburtstages und des 100. Jahrestages der Priesterweihe am 19.06.1921 in Breslau
Als Grundlage für diese Veröffentlichung dient eine aus Anlass des
75. Jahrestag der Hinrichtung in Brandenburg-Görden
für die „Exerzitien im Alltag 2019" erstellte Abschrift der Fastenpredigten.
Fotos u. Informationen: Pfr. Dr. A. M. Wachsmann Archiv, Greifswald
Coverfoto: Kanzel in der St.-Joseph-Kirche Greifswald nach 1932

Herstellung und Verlag: BoD – Books on Demand, Norderstedt

ISBN: 978-3-7526-8333-2

„In unserem Jahrhundert sind die Märtyrer zu-
rückgekehrt, häufig unbekannte, gleichsam 'unbekannte Soldaten' der großen Sache Gottes. Soweit
als möglich dürfen ihre Zeugnisse in der Kirche
nicht verloren gehen. Wie beim Konsistorium
empfohlen wurde, muss von den Ortskirchen alles
unternommen werden, um durch das Anlegen der
notwendigen Dokumentation nicht die Erinnerung
zu   verlieren an diejenigen, die das Martyrium
erlitten haben."

Papst Johannes Paul II.

In "Tertio millennio adveniente" 10. November
1994

$Dr. A. L. Wachsmann.$

Inhalt

Alfons Maria Wachsmann als Kaplan der Pfarrei Herz-Jesu in
Berlin-Prenzlauer Berg bei einer Fronleichnamsprozession
um den Teutoburger Platz im Jahre 1926

Der Karneval ist vorüber; all der Mummenschanz übermütiger Fastnachtstage ist verweht; weltliche Lust hat Ihren Höhe- und Siedepunkt überschritten. Die Tanzsäle habt Ihr verlassen und zum Gotteshaus seid ihr geeilt. Priesterhand hat das Aschenkreuz auf die sterbliche todgeküßte Stirn gezeichnet; Worte vom Sterbenmüssen haben die Seele zurückgerufen von ewiger Sinnenlust des Lebens. Gestern noch schrill gellende Töne der Lust und heute ernstes Lied vom Gotteshaupt dornumwunden; gestern hellfarbenes Kleid für lachenden Tanz, heute das ernste Kleid, das der Fastenzeit ziemt; gestern Singen und Johlen jauchzender Leiber, heute De profundis-Rufe aus tief einsam gewordenen Seelen. Ja, stille ist es geworden um uns. Und das ist gut so: denn nun soll es stille werden in uns. Stille, ganz stille muß es werden im Herzen; tiefe heimliche Stille muß sein in den Gründen unserer Seele. Vergessen wollen wir den Lärm des Alltags, weit von uns weisen die Sorgen des Lebens; ein Gedanke nur und eine Sorge, eine einzige Liebe und eine einzige Leidenschaft darf uns folgen in die Stille der Fastenzeit. Dieser einzige Gedanke: der Gedanke an meine Seele;

die einzige Sorge: die Sorge um die Ewigkeit;

eine einzige starke Sehnsucht: die Sehnsucht nach dem Himmel;

eine einzige große Leidenschaft: die Leidenschaft für Gott.

Stille, ganz stille muß es sein, muß es werden; denn Ewigkeit will zu uns reden, und Ewigkeit spricht eine leise doch vernehmbare Sprache. Fastenzeit soll Dir das große Besinnen bringen: Du sollst Dir einmal Zeit nehmen für Dich selbst; denn sonst hast Du doch keine Zeit vor lauter Arbeit und Geschäft, vor lauter Politik und Interessenvertretung. Zeit sollst Du Dir einmal nehmen, daß Du Dich auf Dich selbst besinnst. Ganz klar soll es Dir einmal werden, wie es um Dich steht. Du sollst wieder wissen, wer Du bist: Mensch bist Du! Und Mensch sein, das heißt für Gott sein. Bist Du von Gott, so mußt Du ein Königsdiadem an deiner Stirn tragen, leuchtend von göttlichem Schimmer: den Kronenreif heiliger Kindschaft; heiligmachende Gnade hast Du es genannt vor vielen Jahren, als Du den Katechismus noch studiertest. Trägst Du sie noch, die Reichsinsignien Gottes oder ist ihr Glanz schon erloschen? Bist Du für Gott, dann mußt Du auf dem Weg stehen, der hinführt zu Gott, dem Heimweh Deines blutenden Herzens. Und dieser Weg geht durch die Nacht von Golgatha. Wächter, wie weit ist es in der Nacht? Beginnt's nicht bald zu tagen! In der Welt draußen spricht man so viel von Neuorientierung aus den Wirrnissen politischer und kultureller Irrungen. Fastenzeit, Zeit der Neuorientierung aus den Irrnissen des Seelenlebens. Krisen des Staatslebens haben wir viel erlebt. Krisis des Seelenlebens soll die Fastenzeit uns bringen, auf daß Gesundung eintrete. Sturz des Ministerpräsidenten oder Kanzlers ist oft Ziel wütender Parteien. Wer ist in Deinem Herzen Präsident? Christus oder Belial? Von der Reform der Steuern, von der Sanierung des Staatshaushaltes erhofft man wirtschaftlichen Aufstieg, völkische Gesundung. Wie steht es um den Haushalt Deiner Seele? Die Bilanz sollst Du ziehen und prüfen, ob Dein Schuldkonto an Sünde und das Manko an Gutem aufgewogen wird durch ein Plus an Liebe, getilgt und gelöscht wird durch Reue und Buße.

Von der Außenwelt sollst Du in diesen stillen Wochen hinabsteigen in den wichtigen Bezirk Deiner Seele. Dich selbst und was Du bist in Deiner Seele, sollst Du kennen lernen. Vor allem sollst Du prüfen, wie es steht mit Deinem Leben vor Gott! Ist Dein religiöses Leben tief und echt, und bringt es Dir reine Freude? Oder ist das religiöse Leben nur eine schlimme Qual? Ist Sonntagsmeßbuch eine drückende Last, ist Dein Streben vergiftet von der Angst vor dem Beichtstuhl? Erschöpft sich Deine Frömmigkeit in einer kleinen Zahl unandächtiger Gebete, religiös dekorierter Äußerlichkeiten? So lass Dir einmal all den eitlen Plunder herunterreißen und öffne einmal Dein Auge für das eine, was nottut in der Seele. Wenn wir in die Tiefen der Seele steigen, wollen wir gewiß unser Auge nicht schließen vor der Verwüstung an hl. Stätte, vor der

Öde und Leere, die uns entgegengähnt. Das alles wollen wir ehrlich sehen; aber unser Haupt-Augenmerk wollen wir lenken auf die Seele, wie sie ist, wenn Gott in ihr wohnt. Ein verödetes Haus regt im Besucher kaum den Wunsch an, selbst ein Haus zu haben. Der Blick in ein schönes Haus mit wertvollem Hausrat weckt Heimgefühl und Sehnsucht nach Besitz. So lade ich Euch herzlich ein zur Wanderung in die Menschenseele, wie sie ist, wenn Christi Erlösungsblut über sie ausgegossen ist. Denn das ist ja der Grund für Christi Erlöserleiden, das ist ja der Zweck seiner großen Passion, daß der Mensch heimkehre aus der Verwüstung in die Ordnung, aus der Gottferne in die Nähe, aus dem Dunkel der Schuld in den Glanz der Verklärung.

So sollen unsere Fastenbetrachtungen gehalten werden über das Gnadenleben der Christen. Wir wollen sehen, wie es geboren wird aus dem Taufbrunnen, wie es gelebt wird und sich auswirkt im lebendigen Glauben, wie es gefährdet ist durch die Sünde, wie es neu aufbricht aus der Verschüttung im Heimkehrsakrament der Buße, wie es genährt wird an der Tafel der Liebe, wie es täglich neu belebt wird aus dem Zwiegespräch der Seele mit Gott, wie es besiegelt ist im Zeichen des Kreuzes.

So lasst uns heute beginnen in heiliger Nüchternheit ohne Rausch der Begeisterung mit der

Neugeburt des Menschen aus Gott!

Wir Menschen leben ein zweifaches Leben. Als Mensch sind wir gezeugt aus Manneswollen und Frauenliebe. Dieses Menschsein haben wir nicht aus uns; der Vater hat es durch die Mutter uns gegeben. Wir leben dieses Leben mit der Selbstverständlichkeit, die der natürlichen Ordnung eigen ist. Atem und Herzschlag, Lachen und Weinen, Freude und Schmerz, Nahrung und Schlaf, langsames Aufblühen und ständiges Welken, Geburt unter Schmerzen, Sterben in Angst und Sorge, das sind die Etappen dieses rein natürlichen Lebens, das allen gegeben ist, die

11

Menschenantlitz tragen, gleich aus welcher Rasse und Nation, gleich in welcher Sprache und Zone. Über dieses Leben, das nur natürliche Leben, sagt der hl. Paulus: Was aus dem Fleische geboren ist, ist Fleisch! Was aus dem Geist geboren ist, ist Geist, fährt der hl. Paulus fort und bezeugt das andere Leben, das zweite Leben, das nicht aus dem klaren Quell elterlicher Liebe gezeugt ist. Von diesem neuen Leben geht die Rede zwischen Jesus und Nikodemus in der Einsamkeit einer Sternennacht. Sagt Jesus: Wahrlich, wahrlich, ich sage Dir, wenn jemand nicht neu geboren wird, so kann er das Reich Gottes nicht sehen. Antwortet Nikodemus: Wie kann ein Mensch neu geboren werden, wenn er schon alt ist? Kann er etwa in den Mutterschoß zurückkehren? Darauf der göttliche Heiland: Wenn jemand nicht wiedergeboren wird aus Wasser und heiligem Geist, so kann er in das Reich Gottes nicht eingehen. Hier spricht Christus klar und eindeutig, daß es eine wirkliche Geburt ist, und zweitens nennt er die Organe dieser heiligen Zeugung: Wasser und heiliger Geist. Wie aus der elterlichen Vereinigung etwas ganz Neues hervorgeht, dieser neue Mensch so wird das Menschenkind aus dem zeugenden Quell des geistesgesättigten Taufwassers wesentlich neu; es wird so, wie es vorher in keinem Betracht war. Bis zur Taufe ist im Kinde nur das natürliche Leben eines Menschen; von der Taufe an ist das ganz wirkliche Leben Gottes eingesenkt in die Seele. Das natürliche Leben wird nicht ausgelöscht; es bleibt voll und ganz bestehen. In dies natürliche Leben wird organisch eingesenkt das Leben, das aus Gott geboren ist. Das Recht, daß wir zu unsern Eltern Vater und Mutter sagen dürfen, gründet sich auf den Quell des Blutes, aus dem wir geboren sind. Die Neugeburt durch den hl. Geist geschieht aus dem Blute Jesu Christi. Aus ihm wird uns Menschen die neue Wesenheit geschenkt; wir werden Gotteskind, sodaß wir mit Recht zu Gott sagen dürfen: Vater! Ja, wir werden in der Taufe Söhne Gottes, weil wir zu Brüdern Christi erhoben sind. Christus hat von uns die Menschennatur genommen, hat sie ganz innig verbunden mit seiner göttlichen Natur, sodaß nur vom Gottmenschen Jesus Christus gesprochen werden kann. In seiner Menschwerdung, seiner Leibannahme ist Christus unser höchster, ja göttlicher Menschenbruder geworden. In derselben Tat, durch die er dich erniedrigte, hat er uns erhöht, weit über uns selbst hinaus, indem er uns zu Söhnen Gottes schuf. Christus selbst ist von Natur durch göttliche Zeugung aus dem Vater Sohn Gottes: das begründet das vertraute Du zwischen Gottvater und seinem wesensgleichen Sohn: denn sie sind wesensgleich und ebenbürtig. Der Vater ist Gott, der Sohn ist Gott. Wir Menschen werden erst in der Taufe angenommen an Kindesstatt. Wir werden Adoptivkinder göttlicher Liebe. Aus Gnade und Erbarmen hat der Vater uns verarmte und verelendete Bettelkinder dieser Welt zu Söhnen angenommen durch die Erlösungstat seines Sohnes. Wir sind durch die Taufe aus Gott geboren. Wir sind teilhaft geworden am göttlichen Leben, wie es sichtbar geworden ist in der wesentlichen Heiligkeit Christi. Weil wir Söhne sind, sind wir auch Erben. Als Erben haben wir Hoffnung und Anspruch auf das Erbe unseres großen Bruders Jesus Christus, auf den Besitz und auf die Schau Gottes, auf die Wirklichkeit des Himmels. Von der Heiligkeit und Gottverbundenheit, die im Menschen Christus war, wird uns in der Taufe mitgeteilt. Das Kind, das eben getauft worden ist, ist ganz heilig. Von ihm gilt, daß der Vater Wohlgefallen an ihm hat. Stirbt ein Kind in der Tauf-Heiligkeit, gelangt es ohne Läuterung zu Gott. So wird deutlich, daß diese religiöse Heiligkeit, die als Erlösungsfrucht Christi verdienstlos nur empfangen werden kann, uns den Himmel öffnet. Diese religiöse Heiligkeit heißt in der Sprache des Katechismus heiligmachende Gnade. Sie kann durch keine menschliche Kraftleistung erreicht werden. Sie ist ein Geschenk, das ganz aus der Güte und Freiheit Gottes kommt. Im Besitz dieser Heiligkeit Christi kann ein Kind, das noch keinen einzigen Akt sittlicher Heiligkeit hat setzen können, ins ewige Leben eingehen.

Ohne diese religiöse Heiligkeit ist es unmöglich, Gott zu gefallen, zu Gott zu gelangen. Nur wer das hochzeitliche Kleid trägt, nur wer neu geboren ist aus Gott, ist zugelassen zum Bankett des ewigen Lebens. Die sittliche Heiligkeit wird verwirklicht im Kampf gegen die Sünde, in der Setzung der Tugend. Sie hat zum Ziel: die Bewahrung und Bewährung der Tauf-Heiligkeit, durch die wir gleichförmig sind dem Bilde seines Sohnes. Aus der Tauf-Heiligkeit fließen die Kraftströme in der sittlichen Ordnung als Söhne Gottes als Brüder Christi zu leben und zu handeln. Nicht dem ungetauften Edelmenschen will Gott sich zu ewigem Besitz schenken, sondern demjenigen, der in der Taufe ähnlich geworden ist dem Bilde seines Sohnes, der in sittlicher Bewährung hineingewachsen ist in das Vollalter Christi.

In frühchristlicher Zeit wurde die Erwachsenentaufe gespendet durch Untertauchen. Was dieses Untertauchen bedeutet, sagt der hl. Paulus: Im Untertauchen werden wir begraben mit Christus. Der alte Mensch der Sünde stirbt, wird abgelegt. Im Auftauchen aus dem Taufbade sieht der hl. Paulus ein Aufstehen mit Christus, das Anziehen des neuen Menschen, der geboren ist in Heiligkeit und in Gerechtigkeit. Nur wer mit Christus gestorben ist, kann mit Christus auferstehen. Der Vollzug der Taufe ist ein sakramentales Symbol. Diesem ist es eigen, zu bewirken, was es sinnbildet. So sind wir in der Taufe ganz wirklich, seins mäßig hineingezogen in das Sterben und Auferstehen Christi. In der Taufe kommt das Sterben, Auferstehen und Verklärt werden Christi über uns.

Wie lebendig und wirklich die Taufe uns mit Christus eint, umschreibt der hl. Paulus. Durch die Taufe werden wir Glieder an jenem wundersamen Leib, zu dem Christus das Haupt ist. Vom Haupt kommen die Gedanken und Impulse, denen die Glieder gehorchen. Vom Haupte her wird der ganze Leib — alle Getauften — lebendig gehalten. Der Leib lebt aus dem Leben und aus der Heiligkeit Christi. Wenn ein Glied sich abschließt gegen den Lebensstrom des Hauptes, dann ist es tot. Es bleibt solange tot, solange die Abschnürung in vollbewußter Sünde anhält. Stirbt ein Glied in dieser Trennung vom Haupte so lautet der

Spruch des ewigen Richters: ich kenne Dich nicht. Ist ein Glied durchpulst vom Leben Christi, so trägt alles Gute und Edle das Siegel des göttlichen Lebens; es erhält Rang und Wert aus der Heiligkeit Christi.

Ob unser Leben vor Gott Wert hat oder nicht, darüber entscheidet, ob es aus der Taufe in Gemeinschaft mit Christus Jesus gelebt wird oder nicht. Diese Gemeinschaft ist eine seins mäßige, eine gegenwärtige, eine gnadenhafte. Nicht eine Besinnung und Berufung auf den historischen Christus genügt, nein, wir müssen ganz wirklich Teil haben am Leben Christi, wir müssen aus der in der Taufe begonnenen Gegenwart Christi in uns leben. Wir müssen die gnadenhafte Annahme an Kindesstatt beantworten mit dem Leben eines Kindes Gottes. Darum ergeht an uns nach Vollzug der Taufe die Mahnung: Nimm hian das weiße Kleid und bewahre deine Taufe untadelhaft, damit du das ewige Leben habest.

So fassen wir unsere heutige Erkenntnis zusammen: Christus ist für uns am Kreuze gestorben. Die Erlösung Jesu Christi wird dem einzelnen Menschen von oben her mitgeteilt in der hl. Taufe. Als ein wirkliches Leben wird die Heiligkeit Gottes, wie sie in Jesu Christus ist, in die Seele ausgegossen. So ist jeder Getaufte Kind Gottes; weil er aus Gott geboren ist, ist jeder Getaufte heilig. In diesem Sinne sagt der hl. Paulus, daß jeder Christ ein Heiliger sei. Das will sagen: Jeder Getaufte ist mit der Heiligkeit Gottes erfüllt ohne sein Können und Dazutun. Unsere Taufe ist das höchste Gnadengeschenk. Unsere Aufgabe ist das Leben aus der Taufgnade, das Bewahren der Taufheiligkeit im sittlichen Kampf, in büßender Läuterung. Wir sind nicht berufen, zu essen, zu trinken, zu tanzen; wir sind berufen, das Leben aus Gott zu leben und für Gott zu leben!

Zum christlichen Glaubensakt.

Das natürliche Leben verdanken wir Vater und Mutter. Ohne gefragt zu werden, ohne unser Zutun ist es uns gegeben worden. Das übernatürliche Leben, das Leben aus Gott, das Teilnehmen am göttlichen Leben ist uns in der hl. Taufe gegeben worden. Als Kinder haben wir die Frage: Willst Du getauft werden? nur durch unsere Paten bejahen können. Auf diese Treubürgschaft der Paten haben wir aus dem jungfräulich fruchtbaren Schoß der Kirche im Taufgeschehen das Gottesleben erhalten. Wie das Menschenleben fortgeworfen werden kann im Selbstmord, so kann das Gottesleben endgültig fortgeworfen werden in bewußter, freigewollter Abkehr von Gott, im Unglauben. In der Taufe ist an uns der Ruf zum Glauben und zur Gemeinschaft in Gott gerichtet worden. Einmal im Leben kommt für jeden Menschen der Augenblick, da er auf diesen Ruf der Gnade die Antwort geben muß. Bei der ersten hl. Kommunion haben wir in heiliger Feierstunde im Gemeinschaftschor erklärt, daß wir zum Treuschwur unserer Paten stehen. Doch das ist nicht die letzte Antwort. Die muß gegeben werden, sehr oft allein in der Stunde der Krisis (oder Entscheidung), ohne daß wir uns in Stimme und Wortlaut anlehnen könnten nach rechts und links. Die Antwort auf die Liebe Gottes, die durch die hl. Taufe uns in ihr eigen göttliches Leben hineingehoben hat, ist der mit vollem Bewußtsein geleistete christliche Glaube. In Taufe und Glaube wird das Gnadenleben des Christen grundgelegt. Dem reifen Menschen nützt die Taufe nichts, wenn nicht das Glaubens leben aus der Taufe erblüht. Der Glaube allein nützt nichts und ist unmöglich, wenn nicht die übernatürliche Fähigkeit in der Taufe eingegossen wird.

So wollen wir heute in ernste Erwägung eintreten, was es um den christlichen Glauben ist.

Wir fragen zu Beginn: Ist der Glaube eine wirkliche Forderung Christi? Oder ist er vielleicht nur ein Wunsch der Kirche, den sie hegt, um die Massen der Menschen zu uniformer Einheit zu binden? Oder ist er gar nur eine angemaßte Forderung der Geistlichen, die einfach Glauben fordern für ihre überkommene Verkündigung, damit sie es leicht haben, die Menschen von der wahren Sonne menschlichen Wissens fernzuhalten? Hat Christus, der doch ein Meister des L e b e n s war, der doch den Hauptakzent auf das Nach l e b e n gelegt hat, der Glaubens - l e b e n und Glaubens l e h r e der Schriftgelehrten und Pharisäer unter solch starke Blitzbeleuchtung gestellt hat, daß der Kontrast erschreckend in die Augen springt, hat er selbst Glauben gefordert?

Ja, Christus, hat Glauben gefordert. Nicht nur gelegentlich einmal, nicht einmal und manchmal, nicht gestern und heute, sondern immer und überall; er hat Glauben gefordert mit göttlicher Unerbittlichkeit. Wenn wir das Leben Jesu durchgehen, gewinnen wir den Eindruck, daß die Frage und Forderung des Glaubens geradezu die Grundfrage und der Kern seiner Botschaft ist, die Ebene, auf der Begegnung zwischen Gott und Mensch erst möglich wird.

Zwei Blinde stehen am Weg und rufen ihm den Notschrei ihrer erloschenen Augen nach. Jesus läßt sie herankommen und fragt sie: Glaubt Ihr, daß ich Euch heilen kann? Sie antworteten: Ja, Herr! Da berührt er Ihre Augen und spricht: Nach Eurem Glauben geschehe Euch! Und ihre Augen werden aufgetan.

Ein andermal: Es ist nach der Verklärung am Fuße des Berges Tabor. Ein unglücklicher Vater bittet den Heiland um die Heilung seines vom Teufel besessenen Kindes. Eine einzige Bedingung stellt der Heiland: Wenn Du glauben kannst. Alles ist dem möglich, der glaubt. Sogleich ruft der Vater des Knaben: Ich glaube; Herr hilf meinem Unglauben! Und sein Kind ist geheilt.

Nicht nur von den Fremden, die erstmals zu ihm kommen von außen und aus der Ferne, verlangt er Glauben; auch von seinem intimen Freundeskreis. Lazarus ist gestorben. Maria und Martha sind in tiefer Trauer und schicken zu ihm. Jesus verspricht, daß Lazarus auferstehen werde. Zuvor jedoch verlangt er einen entscheidenden Akt des Glaubens. — Er sagt: Ich bin die Auferstehung und das Leben. Glaubst Du das? Und erst auf die Glaubensantwort ergeht der Weckruf zum Leben ins dunkle Grab.

Wo Christus keinen Glauben findet, beschränkt er absichtlich die Macht seiner Wunder. Von Nazareth wird ausdrücklich berichtet: Wegen ihres Unglaubens wirkte er dort nicht viele Wunder.

Statt weiterer Belege, die sehr gehäuft werden könnten, nur noch die christliche Grunderfahrung von der Notwendigkeit des Glaubens, wie sie der hl. Paulus zusammenfaßt: Ohne Glauben ist es unmöglich, Gott zu gefallen. Wenn nun der Glaube so unerlässlich notwendig ist, daß selbst der göttliche Heiland nicht von ihm dispensieren kann, wenn im Glauben das von oben angebotene Heil der Menschen von unten ergriffen und sichergestellt wird, wie es der Heiland ausspricht: Wer an mich glaubt, wird leben, auch wenn er stirbt, dann kommt es für uns Christen vor allem darauf an, daß wir richtig glauben. Der Glaubensinhalt ist für uns, die wir als Getaufte der katholischen Kirche um die Fastenkanzel uns scharen, aus der Diskussion, gerückt. (6 Stücke, die jeder Christ kennen und wissen muß). Wichtiger will uns scheinen, ist eine ernste Überlegung, in welcher Weise der Glaubensakt vollzogen werden muß, soll er als vollwertige, heilbegründende Antwort auf unsere Kindschaftserhebung in der Taufe gewertet werden. Denn das ist einleuchtend: Der Mensch, der nur deswegen glaubt, weil er zu faul ist zum Denken, darf die Seligpreisung Christi: „Selig, der da glaubt ..." nicht auf sich beziehen. So wollen wir eine Antwort gewinnen auf die Frage: Was ist denn überhaupt der Glaube, wie kommt er zustande?

Der Glaube ist fest Zustimmung zu einer vorgelegten Wahrheitsaussage. Um aber deutlicher zu sehen, wo bei solcher Erfassung des Glaubens die Wurzeln sind, wollen wir den Akt des menschlichen Wissens zum Vergleich heranziehen. Auch Wissen ist sichere Zustimmung zu einer Aussage. Und doch ist beides nicht das Gleiche. Nicht dem Wissen hat Christus den Himmel versprochen, sondern dem Glauben. Wissen wollen alle Menschen, glauben wollen nur wenige. Ja, in der Geschichte des Denkens hat sich eine scheinbar unversöhnliche Feindschaft zwischen den Geschwistern Glaube und Wissen herausgebildet. Das menschliche Wissen spottet oft über den christlichen Glauben. In Wirklichkeit sind Glaube und Wissen keine Gegensätze, sondern nur Erkenntnisweisen, die aus zwei verschiedenen Wurzeln, aber aus demselben Grund wachsen. Menschliches Wissen kommt zustande durch Beobachtung der Sinnesorgane, durch Verarbeitung dieser Ergebnisse nach den Regeln der logischen Denkgesetze. Gefährdet ist das Ergebnis durch Irrtum, der alles rein menschliche Erkennen um droht. Glaube ist ganz feste Überzeugung von einer Wahrheit, allerletzte, sicherste Zustimmung zu einer Wahrheit, nicht aber, weil sie ganz durchschaut und eingesehen werden kann, sondern weil derjenige, der die Wahrheit vorlegt, unbedingt glaubwürdig ist. Beim christlichen Glaubensakt legt Gott die Glaubenswahrheit vor. Gott spricht das Wort; ich höre es, ich höre es als geoffenbartes Wort. Oft kann ich es nicht gleich durchdringen mit meinem Verstand, und doch gebe ich meine allersicherste Zustimmung trotz des Protestes, den mein Verstand anmeldet, eben weil Gott aus seiner absoluten Wahrhaftigkeit die Garantie übernimmt. Daraus erhellt, daß reine Glaubenswahrheit, wie z. B. das Geheimnis der hl. Dreifaltigkeit, nie vom Menschengeist hätten aufgefunden werden können, daß reine Glaubenswahrheiten nie bewiesen werden können. Menschliches Denken kann sie in Ehrfurcht erfassen und dem Verständnis näherbringen; es bleibt aber oft ein Letztes, nicht zu Erweisendes, was eben nur geglaubt werden kann. Hier ist die Stelle, wo im Glaubensakt Gnade von oben und freie Willenstat von unten zusammenstoßen. Der Glaube ist Gnade; der Glaube ist aber auch freie Tat des Menschen. Im Bilde wird deutlich, wie das gemeint ist. Wir denken uns zwei ganz steile Berge, die in einsamer Spitze gipfeln. Zwischen den beiden Bergen gähnt eine unausfüllbare Kluft bei einem Abstand von nur einem Meter. Auf dem einen Gipfel steht Christus, auf dem andern Gipfel stehe ich, der Mensch; dazwischen gähnt die schwindelnde Kluft, die ewig den Schöpfer trennt vom Geschöpf. Christus ruft von drüben zum Glauben; im Rufen Christi ist auch die Gnade Christi gegeben, die es möglich macht, den Ruf zu hören und die Tat zu wagen. Christus reicht in dem, was wir Gnade nennen, die Hand herüber, sodaß wir sie erfassen, und er uns herüberholen und neben sich stellen kann. Alles tut Christus: Eins aber müssen wir Menschen tun, wir müssen die Füße vom Erdboden lösen und zum Schreiten ansetzen. Freilich trotz Gnade und guten Willens wird im bewußten Glaubensakt es voll empfunden, daß es über Abgründe in eine neue Welt geht. Das hat Cardinal Newman, der Convertit aus der anglikanischen Kirche, der Philosoph vom kristallklaren Denken gemeint, wenn er sagt: Glaube ist Wagnis.

Die Wissenserkenntnis ist gefährdet durch die Unzulänglichkeit der menschlichen Erkenntnis-Organe; dadurch, wird bei aller Wahrheitsliebe der Irrtum möglich. Der Glaube ist gefährdet durch den Zweifel. Der Zweifel kommt stets aus der Natur und ist Rebellion gegen das Übernatürliche.

Im echten Glaubenszweifel stellt sich der Mensch vergessend, daß er nur Geschöpf ist, neben Gott. In furchtbarer Vermessenheit hält er diesen Monolog: Du bist Gott. Du sagst, daß es Himmel und Hölle gibt. Kein Mensch von denen, die ich sterben sah, ist aus dem Himmel zu mir gekommen, keiner aus der Hölle. Es kann so sein, wie Du sagst; es kann aber auch nicht so sein. Wer weiß ob Du recht hast! In der aufgezeigten Struktur des echten Glaubenszweifels wird sichtbar, wie schwer die Sünde ist. Vom Glaubenszweifel sehr verschieden ist die Glaubensschwierigkeit, an der grade der religiös tiefe und problematische Mensch leidet. Schon die Tatsache, daß er leidet, also froh wäre, wenn er sie beheben könnte, zeigt, daß Glaubensschwierigkeit ohne Sündcharakter ist.

Die meisten Glaubensschwierigkeiten lassen sich beseitigen, weil sie oft aus falschen Vorstellungen, schiefer Schau, ererbten Vorurteilen, wirklicher Unwissenheit kommen. Wenige Glaubensschwierigkeiten müssen ertragen werden als ein Opfer, das der Verstand dem Geheimnis Gottes bringt. So sagt Newman: Glauben heißt, Zweifel tragen können.

Ist der Schritt über die Kluft getan, ist der Mensch im vollbewußten Glauben, der um alle Kämpfe und Proteste des Verstandes weiß, von der Ebene, auf der Menschen von Natur aus stehen, herübergetreten auf die Ebene, auf der Gott steht, dann wird die innere Begegnung mit Gott möglich. Dann wird die Einwohnung Gottes, die ohne unser Verdienst in der Taufe vollzogen ist, aus dem freien Willen des Menschen zur vollbewußten Aufnahme. Aus solchem Glauben gewinnt das Leben des Christen eine radikale Wendung. Wer im Glauben auf die Seite Christi getreten und ihm ganz und ohne Vorbehalt eingegliedert ist, der sieht die Welt mit ganz anderen Augen und von ganz anderem Standort. Es ist ein Unterschied, ob ich eine Landschaft sehe vom Aussichtsturm, der 50 m hoch ist, oder dieselbe Landschaft schaue vom Berg aus 500 m oder gar 1000 m Höhe. Die Größenwertung wird erheblich verschoben, und doch sind es dieselben Dinge, die zu Gesicht kommen. Ähnlich ist es für den Glaubenden. Reichtum und Ehre, Arbeit und Ansehen, Lust und Liebe sind dieselben Dinge für den Christen, der aus dem Glauben auf sie sieht, und für den Neuheiden, der ohne Glauben sie schaut. Aber die Wertschätzung des Gläubigen, sein Verhalten wird ein ganz anderes, ihm sind Werte sichtbar geworden, die der andere noch nie geschaut hat.

Im Verlaufe des Gesagten ist schon deutlich geworden, daß der christliche Glaube nicht nur eine innerste Zustimmung zu einzelnen Wahrheiten ist, sondern darüber hinaus ein Glaube an die Person Jesu

Christi selbst. Dieser Glaube schließt inhaltlich die Überzeugung ein, daß Christus ist der Sohn des lebendigen Gottes, der in die Geschichte eingetreten ist in Menschengestalt, um uns im Opfertod zu erlösen und durch seine Heilsbotschaft zu Gott zu führen. Nunmehr ist alles Heil gebunden (von Gott in seinem Willen so bestimmt) an die Person Jesu Christi. „Niemand kann zum Vater kommen außer durch mich".

In uns ist das Wissen wach, daß in der hl. Taufe Glaube, Hoffnung und Liebe als göttliche Tugenden eingegossen werden. Die Fähigkeit, den Glauben zu vollziehen, wie wir es eben überdacht haben, ist keine menschliche Tat, sondern ist gnadenhaft göttliches Geschehen in uns. Der liebe Gott gibt uns allen die Gnade, daß wir im Glauben zu ihm kommen und bei ihm sind und bleiben. Den frühen Christen, die in den Verfolgungszeiten ganz anders als wir heutigen aus der Fülle des Glaubens gelebt, um die Kraft und Kostbarkeit des Glaubens gewußt haben, ist der Gnadencharakter des Glaubens ganz elementar im Bewußtsein gewesen. So berichtet uns die Lesung aus der II. Nokturn des Breviers am 22. 11. von der hl. Cäcilia folgendes:

Gegen ihren Willen wird Cäcilia mit Valerianus vermählt. Sie weiß sich trotzdem an ihr Jungfräulichkeitsgelübde gebunden. So spricht sie in der Brautnacht: Valerianus, meine Jungfrauschaft steht in eines Engels Hut; deswegen darfst Du mich nicht anrühren. Valerianus respektiert diese Bitte und will selbst Christ werden, wenn er den Engel sehen könne. Sagt Cäcilia zu ihm: ohne Taufe kannst Du den Engel nicht sehen. Hier kommt ganz schlicht und tief das Bewußtsein zum Ausdruck, daß in der Taufe das Glaubenslicht gegeben wird. Dies befähigt den Getauften, die übernatürlichen Wirklichkeiten wahr zu haben und ganz wirklich.

Der christliche Glaube ist heil-begründend. Im christlichen Sinne glauben heißt Ja! sagen zur Offenbarung Gottes, heißt stehen an der

Seite Christi, heißt mit Wagemut auf der Erde leben, als wäre man im Himmel, heißt Zweifel tragen können, heißt die Welt messen und wägen mit den Augen Christi, heißt die Wirklichkeit der zukünftigen Güter jetzt schon wissen und verkosten, heißt leben als Glied am Leibe Christi aus der Wirklichkeit Gottes.

Um das Wesen der Sünde.

Zwei Einlaßbedingungen sind dem Menschen gesetzt vor die Tore des ewigen Heils. Wer in den Himmel kommen will, muß getauft sein, denn wer nicht wiedergeboren wird aus Wasser und Heiligem Geist, kann in das Reich Gottes nicht eingehen. Zum Zweiten muß er festgegründet sein im christlichen Glauben: Denn ohne Glauben ist es unmöglich, Gott zu gefallen. So könnten wir meinen, wir wären des Himmels sicher, wenn wir den Taufschein gut im Dokumentenkasten verwahren, wenn wir die 12 Artikel des Apostolischen Glaubensbekenntnisses zweifelsfrei hersagen. Doch dem ist nicht so. Zur Taufe muß hinzukommen das Leben des Getauften; aus dem Glauben muß herauswachsen die christliche Liebe. Von dieser Liebe sagt Christus: der ist es, der mich liebt, der meine Gebote hält. Die Liebe ist die Frucht aus Taufe und Glaube; sie ist gefährdet durch all das, was wir Sünde nennen.

So wollen wir heut Zeit und Gedankenkraft aufwenden, das Geheimnis der Sünde zu erspüren. Ganz schlicht wollen wir zu ergründen suchen, was die Sünde eigentlich ist. Solch nüchterne, klare Schau und Einsicht wird ernstere Abkehr von der Sünde in uns wecken, wenn die Gnade uns dabei hilft, als wenn wir an irgendeinem phantastischen Höllenbild die Sinne uns berauschen und nur die Nerven erregen. Wir fragen zuerst: woher kommt die Sünde? und wie gewinnt sie Macht über uns?

Ja, wie ist es eigentlich möglich, daß wir als Getaufte und Erlöste Jesu Christi noch in Sünde fallen? Gilt nicht der Jubelruf und Glückwunsch St. Pauli auch uns: Ihr seid abgewaschen, Ihr seid geheiligt! Hat nicht der hl. Paulus alle Getauften Heilige genannt? Ist die Taufe nicht in uns wirksam geworden? Doch, die Taufe hat die Erbsünde mit der Wurzel in uns getilgt. Die Erbsünde ist nicht mehr in uns und nie wieder kann sie in uns aufleben. Behoben ist die schlimme Wurzelkrankheit, daß wir nicht mehr eingesenkt waren in Gottes Lebensgrund. Eins aber ist uns wie ein schlimmes Andenken an diese Zeit geblieben: die Neigung zum Bösen, die wir auch böse Begierlichkeit nennen. Solange der Mensch klein ist und Verstandeseinsicht und Willenskraft noch nicht erwacht sind, ruht auch noch der unheimliche Drang. Im Alten Testament hat der hl. Geist im Offenbarungswort eine Erfahrungstatsache des menschlichen Bewußtseins ausdrücklich bestätigt. Das Sinnen des Menschen ist hingeneigt zum Bösen von Jugend auf. Ein jeder von uns kann dieses Schriftwort oft genug belegen aus dem eigenen Leben. Es fällt uns das Faul sein leichter als die Anstrengung mühevoller Arbeit. Das Lügen ist viel bequemer als das tapfere Stehen zur Wahrheit. Das Sich hingeben an die Wollust erregter Triebe ist schöner und angenehmer als die Qual des Neinsagens, als die eiserne Zucht und Bändigung der starken Empfindungen unter die Herrschaft des Willens. In uns ist das Ordnungsverhältnis gestört. Die Seele herrscht nicht mit Souveränität über den unterstellten Leib. Das heiße Blut begehrt in uns auf, ohne daß es die Seele will. Diese ungeordneten Neigungen sind erbsündliche Folgen; sie gemahnen uns stündlich, daß wir den kostbaren Schatz der gottgeschenkten Heiligkeit im irdenen Gefäß unserer Zerbrechlichkeit tragen. Aus unserm Innern bricht ständig die Gefahr, daß wir in Sünde kommen und unsere Heiligkeit verraten und verlieren. Diese Gefahr wird noch gesteigert durch Anreize und Versuchungen, die von außen kommen. Und deren Zahl ist Legion. Unter solchem

Ansturm wird die Heiligkeit, die uns als heiliges Erbe und als gnadenhafter Besitz gegeben worden ist, aus der Gabe zur sittlichen Aufgabe.

In der heiligmachenden Gnade ist uns von Gottes Leben und Heiligkeit mitgeteilt worden. So müssen wir aus dem Leben Gottes mit leben. Gottes Wille muß mein Wille werden. Nicht mein Wille ist der höchste, sondern Gottes Wille wird zur Richtschnur des Handelns. Woher weiß ich aber in der konkreten Lebenssituation den Willen Gottes? Gott offenbart seinen Willen im Gesetz. Das Gesetz Gottes fließt aus dem freien Willen des Schöpfers und ist doch kein Willkürakt göttlicher Laune, mit dem Gott uns quälen will. Nicht quälen will uns Gott durch die Forderung seiner Gebote, nein, unsere eigene Wesensvollendung kann nur erreicht werden, wenn unser Wille dem hl. Willen Gottes entspricht. Es ist nicht wahr, daß das Gesetz die Freiheit aufhebt. Im Gegenteil: erst das Gesetz entbindet die Freiheit zum vollen Bewußtwerden. Wie im Gehorsam gegen das Gesetz nicht Menschenwürde verleugnet wird, sondern das Menschsein erst sichergestellt wird, zeige ein Beispiel: Der Lokführer steht unter dem Gesetz des Fahrtdienstes. Die Schienen und Weichen, die Lampen und Zeiger rufen Signale und Gebote ihm zu. An die Gesetze ist er gebunden, soll er sein Ziel erreichen. Noch nie ist es einem Lokomotivführer in den Sinn gekommen, im Gebot seines Dienstes eine Freiheitsbeschränkung zu sehen, der er sich unbedingt entziehen müsse. Befolgt er die Signalgesetze Einfahrt – Ausfahrt, so wird er ein guter Lokomotivführer sein; übertritt er sie in voller Absicht, so wird er zum Verbrecher, der untermenschlich handelt.

Frei sein, heißt nicht gesetzlos sein. Gottes Gebot steht vor uns in erhabener Würde; es spricht zu uns mit souveräner Geste; es spricht zu uns immer im Imperativ, in der Befehlsform: Du sollst! Du darfst nicht! Du mußt! zwischen mir und dem Gesetz gibt es nie eine Diskussion, nie ein Verhandeln. Das Gesetz ruft wie aus Gottes Mund. Ich kann ja sagen und damit meine Freiheit bezeugen: denn ich hätte ja auch nein sagen können. Ich kann nein sagen zu Gott und meine Freiheit mißbrauchen, weil ich mit Ja antworten mußte. Das Gesetz zwingt niemanden zum Guten. Hier ist die Möglichkeit, daß wir uns den Himmel verdienen können, dadurch, daß wir frei uns für Gott entscheiden. Es gibt keinen Zwang zum Bösen. Freilich, es gibt Erkrankungen im Seelenleben, Hemmungen des Willens, Trübungen des Erkennens, die alle Freiheit und Verantwortung mindern und sogar aufheben. Solche Erscheinungen sind aber eben Erkrankungen und gehören ins Gebiet des Abnormen. Das furchtbare Gesetz der Vererbung wirkt sich in diesem Dunkelbereich aus. Ganz falsch ist es, wenn einer von uns einfach sagt: ich kann nicht anders, nur um damit liebgewordene Sünde, böse Gewöhnung zu rechtfertigen. Der Du so sagst, geh doch hin zu Augustinus, geh hin zu Magdalena. Beide haben den Becher der prickelnden Lust getrunken, nicht einmal und nicht heute und morgen, sondern durch Jahre. Sie haben sich nichts versagt, was die Nerven kitzelt, was den Sinnen wohltut. Galantes Abenteuer und ständiges Sündenbett. Beide haben gezeigt, daß sie auch anders können, seitdem sie den Ruf der Gnade gehört, den sittlichen Kampf aufgenommen, um ihn unter Erfolgen und Niederlagen zum guten Ende zu führen.

Ebenso falsch ist jenes andere gefährliche Schlagwort: ich handle so, wie es aus meiner Natur gefordert wird. Wer so spricht, vergißt, daß die Erbsünde ihre bösen Folgen noch in uns auswirkt. Es ist nicht wahr, daß wir Menschen nur das sein sollen, was wir von Natur sind. Das Ergebnis solcher Lebensverwirklichung ist der Sünder. Unsere Aufgabe ist eine andere, eine höhere. Wir sollen nicht unser natürliches Menschenbild darstellen, nein, wir sollen aus dem Material unseres naturhaften Menschen das Ebenbild Christi formen. Dazu ist der Grund gelegt in der hl. Taufe. Gelingt dies im sittlichen Kampf, dann wird der Heilige.

Heilig sind wir geworden von oben in der Taufe; diese Heiligkeit gilt es zu bewahren in sittlicher Heiligkeit, die im Kampf erprobt, die am

Gesetz, an Gottes Willen offenbar wird. Wer Gottes Willen erfüllt, ehrt Gott als den, der über ihm steht und der seinen Willen kund gibt aus seiner Heiligkeit heraus. Wer das Gebot erfüllt, wird zum vollen Menschen, der so ist, wie Gott will.

Was aber geschieht, wenn der Mensch aus vollem Bewußtsein, und aus letzter Freiheit ungehorsam ist, wenn er eine schwere Sünde tut? Etwas Unmögliches wird schreckliche Wirklichkeit. Der Mensch steht gegen Gott, das Geschöpf sagt Nein! zum Schöpfer. In jeder Sünde vollzieht sich eine Begegnung mit Gott. Gott ruft den Menschen an im Gebot. Ich als Mensch weiß: Gott ruft mich, der mich erschaffen; ohne ihn wäre ich nicht. Hätte seine opfernde Liebe mich nicht losgekauft, längst wäre ich tot. Das Leben hat er mir geschenkt, das Leben hat er mir gerettet. Dieser selbe gütige Gott ist gerecht: Die kleinste Sünde straft er streng; seinem Gericht kann ich nicht entgehen. Dies alles weiß ich im Augenblick der wirklichen schweren Sünde – und – tue sie doch! Wir stehen vor dem düsteren Geheimnis der Sünde. – Mysterium iniquitatis! Ja, es ist ein tiefes und dunkles Geheimnis, wie es möglich ist, daß der Mensch das Gottesgeschenk der Freiheit mißbrauchen kann gegen den Spender; wie er, das Geschöpf, Trotz bieten kann dem Schöpfer. Solche Sünde aus dem vollen Bewußtsein hat man genannt die Sünde mit erhobener Hand. Die ist, Gottlob, nicht so häufig. Die meisten schweren Sünden sind nicht so sehr Sünden der Bosheit als vielmehr Sünden, die aus der Schwachheit unserer verderbten Natur kommen. Das Wesen der Bosheitssünde ist charakterisiert (aversio a Deo) Abkehr von Gott! Die Sünde der Schwachheit ist zumeist eine gottvergessende Zuwendung zur Schöpfung (conversio ad creaturam). Wir Menschen lieben uns selbst und alles, was ist, so sehr, daß keine Zeit mehr bleibt für Gott, daß keine Energien frei sind für das übernatürliche Leben. Die meisten unserer Sünden sind Unordnungen im Verschenken der Liebe. Die Rangordnung in der Liebe wird verkehrt. Das Maß, Gott zu lieben, ist Lieben ohne Maß. Das Maß, unsere

Mitmenschen zu lieben, ist lieben im rechten Maß und in der richtigen Stufenfolge. Die Weise, die Dinge zu lieben ist: sie besitzen, als besäße man sie nicht. Für das Maß und die Art uns selbst zu lieben, gilt der Ruf: nur nicht zu viel! – Nur wo ein wirkliches Gebot spricht und es um eine ernste Sache geht, kann durch die Übertretung eine schwere Sünde begangen werden. In der Sünde wird nicht nur Gott beleidigt, sondern der Mensch fällt von sich ab, wird sich und seinem Wesen untreu.

Wenn wir nun alles so genau von der Sünde wissen und hersagen können, wie kommt es dann, daß wir doch immer wieder in die Sünde fallen? Daß wir Sünden begehen, gleichwohl wir wissen, wie häßlich sie sind? Das hat seine Erklärung darin, daß die Sünde uns nie in ihrer Häßlichkeit ruft. Die Sünde kommt stets in Maske, belügt uns in lockender Gestalt. Erst wenn wir gefolgt sind, wirft die Sünde die Maske ab – wir stehen da als die Betrogenen. Wer lügt, hat zunächst nicht die Absicht Gott zu beileidigen; nur aus einer Verlegenheit will er sich retten. Schade, daß es ohne Sünde nicht geht, mag er denken. Wer stiehlt, der möchte sich mit Gott nicht entzweien, nur den Gegenstand möchte er gernhaben. Schade, daß der Kaufpreis für das Gestohlene in der Sünde so hoch ist. Wer das sechste Gebot übertritt, ja, der will Gott nicht kränken, nein er will nur die Lust, die Minuten dauert, um wach zu werden aus dem Sinnenrausch in Enttäuschung. In der Sünde sind wir wie Betrogene; das ist der Grund, daß wir Mitleid verdienen; daß wir uns aber betrügen lassen und nicht wachsam sind, das ist unsere Schuld!

Wir können nicht begreifen, wie es möglich ist, daß der Mensch sündigen kann, und wir sündigen doch. Noch Schlimmer aber die Frage, wenn die Sünde Rebellion ist gegen Gott, wenn Gott die Allmacht in den Händen und Allwissenheit in seinen Augen trägt, warum erschuf er mit denselben Händen uns Menschen, von denen sein heiliges, allwissendes Auge vorhersah, daß wir gegen ihn stehen würden. Dunkles Schweigen deckt dieses Geheimnis. In der Tiefe liegt das Geheimnis der

Bosheit – Mysterium iniquitatis – und lüftet die Schleier nicht vor unserem gequälten Frageblick; aber über dem Geheimnis der Bosheit in der Tiefe wölbt sich in der Höhe das Geheimnis der Liebe, zu dem uns der Blick verstattet ist seit der Stunde, da der Vorhang des Tempels zerriß und der Lanzenstich den Blick freigab in das Herz dessen, der uns Menschen geliebt. Ja, Gott hat unser Sündigen vorausgesehen und er hat uns doch erschaffen. Er hat gewusst, daß wir unsere Freiheit gegen ihn kehren würden, und er hat sie uns doch gegeben. Will Gott sich lieben lassen wollte von freien Menschen, hat er die Sünde in Kauf genommen.

Die Kirche hat tiefes Wissen um beide Geheimnisse: das Geheimnis der Liebe überdenkend und zugleich das Geheimnis der Sünde im Auge, sinkt sie überwältigt ins Knie und singt das Jubellied von der erlösten Sünde:

O felix culpa!

O selige Sünde, die uns in Christus einen so herrlichen Erlöser gebracht!

Heimkehr in Reue und Buße.

In unserer frühen Kindheit haben wir eine heilige Furcht vor der schweren Sünde in uns getragen. Ganz tief ist uns die Liebe ins Herz gesenkt zu dem schneeweißen Kleid, das wir in der hl. Taufe erhalten. So ist es eine lange Reihe von Jahren gut gegangen. Und dann ist vielleicht doch einmal der dunkle Tag und die düstere Stunde gekommen, wo die Sünde uns überwunden hat, weil wir ohne Rüstung waren, wo die Sünde uns überrascht, weil wir nicht wachsam waren. Wie ein Dieb in der Nacht ist sie in uns eingedrungen und hat uns die Kroninsignien Gottes gestohlen, kostbarer als Geschmeide aus Gold und edlem Stein. In der ersten schweren Sünde ist uns dieser Verlust mit der ganzen Erlebnisfrische zu Bewußtsein gekommen. Nunmehr haben wir uns an das Sündigenkönnen so gewöhnt, daß wir die Ungeheuerlichkeit nicht mehr so spüren wie in der ersten Schuld. Und doch in jeder schweren

Sünde geschieht immer wieder der Auszug des verlorenen Sohnes aus dem Vaterhaus. Wir haben so oft die alte Geschichte gehört und gelesen und denken doch so selten daran, daß wir selbst der Sohn sind, der Hab und Gut verschlemmt und vertut. Das, was die Parabel vom verlorenen Sohn schildert, hat der göttliche Heiland aus den Herzen der Menschen abgelesen. Es ist ja der uralte und jeden Tag wieder neue Vorgang, wie ein Mensch den Reichtum der Liebe Gottes verläßt, sich aus der Vertrautheit, wie sie zwischen Vater und Sohn sein muß, löst, in die Gottfremde zieht, und dort seine gottgeschenkten Talente vergeudet. Gibt es aber auch einen Aufbruch, eine Heimkehr aus der Finsternis der Sünde in das Licht des Vaterhauses Gottes? Oder teilen wir das Schicksal der gefallenen Engel, die einmal gegen Gott gesündigt, von ihrem ersten Auszug aus Gott kein Zurück mehr finden, denen die Tür zum Herzen Gottes verschlossen ist für immer, für die der Spruch gefällt ist: Ich kenne Euch nicht? Gott Dank, daß wir dem verlorenen Sohn der Parabel nicht nur gleichen in unserem Auszug, sondern auch in der Möglichkeit und Tatsächlichkeit der Heimkehr. Durch 3 große Stationen kann der Mensch aus der Sünde und aus der Enterbung heimkehren zu Gott. Als verlorener Sohn muß ich in mich gehen: die Not der Gottferne und der Armut muß mir zum vollen Bewußsein kommen. Dann muß ich mit der neu aufgebrochenen Einsicht mich und meine Tat beurteilen und verurteilen, mich auf den Weg machen und zu Gott zurückkehren und sagen: Vater, ich bin nicht wert, Dein Sohn zu heißen. Dieser Heimweg aus der Sünde zur Heiligkeit entspricht einmal den Strukturgesetzen unseres Seelenlebens; zweitens ist er in göttlicher Weisheit, die immer gern an die natürlichen Anlagen im Menschen ihre Gnadenhilfen knüpft, ausdrücklich so vorgezeichnet. Diese Gott-Heimkehr des sündigen Menschen geschieht unter sakramentalen Zeichen, die uns Gewißheit geben vom inneren Vollzug. Die drei großen Stationen sind die Einkehr oder Selbstbesinnung, dann die Umkehr oder Gottbesinnung. Ausspruch der Selbsterkenntnis und Zuspruch der

Begnadigung. In der Sprache des Katechismus nennen wir das erste die Gewissenserforschung. Das zweite heißt die Reue; diese begreift in sich den Vorsatz, Sünde zu meiden, Schadenersatz und Buße zu leisten. Das dritte nennen wir Beichte.

Diesen drei wichtigsten Stufen auf der Heimkehr zu Gott wollen wir uns zuwenden. Doch ehe wir den Heimkehrweg zu Gott, den wir so oft in der sakramentalen Beichte schon gegangen sind, genauer uns ansehen, ist es gut an den Anfang zu stellen die wichtige Glaubenswahrheit, daß dieser Heimweg nur begonnen, gegangen und vollendet werden kann durch die Gnade dessen, der in der Taufe uns zu seinen Kindern gemacht, daß es uns in den Sinn kommt, umzukehren, schon das ist Gnade. Wenn wir im folgendem die Heimkehr des Menschen mehr als den Weg von unten nach oben betrachten, wollen wir nie aus dem Auge verlieren, daß Gott in seiner Liebe diesen Weg uns bahnt und führt.

Ich bin schuldig geworden. Die Sünde lastet mit ihrem ganzen Gewicht auf mir. Betrogen von der Sünde vergleiche ich das, was ich vorher besaß, mit dem, was ich in der Sünde eintauschte. Ich gehe in mich. Ich verlasse die Peripherie, an der wir Menschen nur allzu sehr leben; die Peripherie, an der wir Menschen uns fangen lassen vom hellen verführerischen Schein, vom lockenden Ton, vom lügnerischen Versprechen. Ich gehe in mich. Ich steige in die eigene Tiefe, die ich so oft vergesse. Betrogen an der Peripherie, enttäuscht an der Oberfläche, suche ich in den eigenen Kern zu dringen. Der Lärm ist schuld, daß ich die Stimmen der Wahrheit und Stimmen der Lüge nicht mehr geschieden habe. So gehe ich in mich hinein, wo es still ist, wo ich allein bin mit mir. Dort in der Tiefe und Stille meines Innern, in diesem ungekannten Innenraum, begegne ich jemandem, den ich jeden Tag treffe, mit dem ich oft, nein, immer zusammen bin, und den ich fast nicht kenne. Ich begegne mir selbst; ich sehe mich, wie ich wirklich bin. Nicht mehr das Ich, wie es erscheint oben unter den Menschen mit der Maske, sondern daß Ich ganz unbekleidet in seiner Armut und in seiner Schmach. Damit nicht auch in diesem Bezirk die Lüge sich noch stehle und der fromme Betrug, stelle ich mein eigenes Ich unter das helle Licht Gottes. Die Heiligkeit Gottes leuchtet hinein in das Dunkel des Innern. Da sehe ich mich, wie ich wirklich bin. Das Grauen kommt über mich und die bangerschrockene Frage: Bin ich das wirklich? In die Stille dieses Raumes dringt die Stimme Gottes, die da fragt: Warum bist Du ungehorsam gewesen? Warum bist Du ohne Liebe geblieben? Warum hast Du mich verlassen, bist der Sünde nachgelaufen? Vor dieser Stimme gibt es kein Entrinnen, keine Ausflüchte, kein Lügen. Das ist dieselbe Stimme, die nach der ersten Menschenschuld erklungen: Adam, wo bist Du? Wer hat Dir gesagt, daß Du nackt bist? Das ist dieselbe Stimme, die am Sinai die zehn Gebote gegeben. Das ist dieselbe Stimme, die gesagt: was Ihr dem geringsten meiner Brüder getan, das habt Ihr mir getan. Das ist dieselbe Stimme, die gleich nach der Sünde das Urteil über die Tat in uns gesprochen, das ist dieselbe Stimme, die zwei Urteile in uns spricht, fast unfehlbar: gut und bös. Das ist dieselbe Stimme, die wir gern betäuben oben im Lärm an der Peripherie, die wir gern totschlagen möchten, aber nie können. In der guten Gewissenserforschung stehe ich vor Gott; das Licht Gottes lasse ich bereitwillig hineinfallen ins Herz, die Stimme Gottes hineinklingen in den Grund der Seele. Nun steht Sünde auf um Sünde und reiht sich vor dem ehrlichen Auge zur langen Kette verschlungener Schuld. Ich sehe im hellen Licht Gottes, was ich bin, was ich hätte sein sollen. Ich sehe das Einst in Gnade und Heiligkeit und das Jetzt in Schuld und Sünde; ich halte Gericht über mich selbst; ich nenne bös, was Sünde ist, und höre auf mit den findigen Erklärungen, mit den famosen grundlosen Entschuldigungen. Ich spreche mit David, als er zur Besinnung kommt nach der heißen Stunde mit Bethsabe: et peccatum meum contra me est semper. Die Sünde steht vor mir in ständiger Gegenwart.

In dem ich noch auf meine Sünden schaue, in dem ich sie aus natürlichem Ekel verachte, gleite ich aus dem Akt der Selbstbesinnung hinüber in die Gottbesinnung. Die Sünde ist schon widerlich genug, wenn sie vom Ich gesehen und gewogen wird. Doch so lange ich mich nur schäme vor mir, ändert sich an dem sündigen Bestand nichts. So nehme ich meine gefundene Schuld, und wäre die Zahl der Sünden so groß wie die der Sterne am Himmel, wie die der Körner im Wüstensand, wie die der Tropfen im Meer, — und trage sie, die ich gefunden beim Lichtstrahl der Gnade auf den fragenden Ruf von oben, hinauf zum lebendigen Gott selbst. Erst habe ich mich vor mein Selbstgericht gestellt und die Voruntersuchung beendet; das Schuldig habe ich gesprochen über mich. Das Freisprechen ist nicht mehr meine Competenz; mit dem ernsten Wort aus Davids 50. Ps. stehe ich vor Gott: An Dir allein habe ich gesündigt, was bös in Deinen Augen ist, getan. Stärker fällt der Strahl göttlicher Gnade und Liebe ins sündige Herz. Nun wird sichtbar, was die Sünde angerichtet hat an Gott, daß die Sünde mich zerstört hat, meine Heiligkeit gewendet ins Dunkel der Sünde, das ist meine Sache, für die ich einstehen muß mit dem ewigen Tod. Das Wesen der Sünde offenbart sich noch mehr, wenn ich sie sehe bezogen auf Gott. Stehe ich mit der Sünde vor Gott Vater, dann kommt zum Bewußtsein, daß die Sünde in ihrem Wesen ein schrecklicher Undank ist. Ich verleugne in der Sünde den, der mich schuf, der mich in jeder Stunde am Leben erhält. Vor dem hl. Geist wird jede Sünde erkannt als ein Hohn und Spott auf die Heiligkeit Gottes, die in uns ausgegossen worden ist in der hl. Taufe. Am tiefsten aber geht uns der Sünde innere Verderbnis auf, wenn wir sie tragen zum Sohn Gottes, der die Sünden der Welt auf sich genommen und hinaufgetragen hat nach Golgotha. Die Kreuzigung Christi ist nicht nur das Werk der Juden jener Tage; sie ist der Triumph der Sünde, die Hochzeit der Menschenschuld. Du hast Christus gekreuzigt, und ich habe ihn gekreuzigt. Mehr als Worte und Schilderungen, wirkt der stille Blick des Sünders in das brechende Auge der göttlichen

Liebe. Am Fuß des Kreuzes sinkt der sündige Mensch mit Magdalena ins Knie und betet mit David: Erbarm Dich meiner, Gott, nach Deiner Huld. Nach Deiner großen Güte tilge meine Missetat. Soll der Freispruch erfolgen von Gott her, muß die Reue stets bis an Gott rühren. Die Reue, welche die Heimkehr der Sünder in die Liebe Gottes wirkt, wird geschenkt von der Gnade. Sie ist ihrem Wesen nach: Einsicht, was ich tat, war verkehrt; nie hätte ich es tun dürfen. Ist diese Einsicht tief und eindrucksvoll, so kann sie aus der Seele hinüberströmen in den Körper und dort sich äußern im Reuegefühl. Entscheidend über den Wert der Reue ist aber dies Begleitgefühl nie. Fehlt dies, so kann trotzdem die Reue vor Gott vollauf gelten. Im Akt der Reue wendet sich der Mensch rückwärts auf die Schuld mit dem Ergebnis. Ich habe schlecht gehandelt gegen Gott, hätte ich es nicht getan. In demselben Akt wendet sich aber der Mensch voll Besorgnis in die Zukunft und sieht dort alle Möglichkeiten gegeben, daß die Sünde wiedergeschehe. So ballt sich die Willensenergie zum Vorsatz: Nie wieder! Reue und Vorsatz sind ein lebendiger Akt des Menschen. Aber es gibt Gradstufen der Reue, die sehr wichtig und wesentlich sind. Bereue ich meine Schuld, weil ich verfallen bin der Gerechtigkeit Gottes, die an mir vollzogen wird in Hölle oder Fegfeuer, so herrscht in mir vor die heilsame Furcht vor Gott. Bei dieser Furchtreue denke ich noch sehr stark an mich selbst. In der Liebesreue schaltet der Mensch bewußt den Gedanken an sich selbst aus. Denn im Letzten ist es nicht entscheidend, was die Sünde über mich gebracht hat, sondern was die Sünde angerichtet hat an Gott. In der Liebesreue wird der höchste Grad menschlichen Reuewillens vollzogen. Von dieser Reue aus reiner Liebe zu Gott, wissen wir, daß sie die Sünde auf der Stelle tilgt und die Heiligkeit Gottes, die heiligmachende Gnade, in uns eingießt.

Wenn die Liebesreue solche Wendung im Menschen wirkt, dann ist das Aussprechen der Sünde im Beichtbekenntnis wohl nicht mehr notwendig. Doch! Das Beichten, der Sünde ist nicht in das Belieben und

Bedürfnis des Einzelnen gestellt. Der göttliche Heiland wiederholt zu jedem Reuigen, vom Aussatz der Sünde Bedeckten: Gehe hin und zeige Dich dem Priester. Ohne Zweifel hätte Christus den Sündennachlaß frei schenken können jedem, der liebt. Nun aber ist als ordentlicher Heilsweg uns Menschen gesetzt, daß wir die eingesehene Sünde, die bereute Schuld dem Priester sagen. Es steht uns Menschen gar nicht zu, das Wie und Warum im Heilsplan Gottes zu erörtern. Der Kranke wäre wohl sehr zu bedauern, der Kritik am Rezept des Arztes übt, anstatt das Rezept oder die Vorschrift zu erfüllen. Ärzte sind Menschen und der Irrtum ist ihnen nicht erspart. Christus als Sohn Gottes ist unfehlbar im Heilverfahren, daß er als Arzt unserer Seele vorschreibt. Die Beichte, das Aussprechen der Sünde, ist schon ein natürliches Bedürfnis der Seele. Der Mensch will sich aussprechen. Was in mir ist, das will ans Licht, das will ausgesprochen sein. Hier liegt die psychologische Bedeutung der hl. Beichte, für die auch Nichtkatholiken Verständnis haben. Viel wichtiger und wesentlicher aber ist die sakramentale Wirkung, die Christus vollzieht im Bußsakrament. Schuldbekenntnis hören, anhören, diesen Dienst kann auch der Freund dem Freunde leisten. Den Freispruch vollziehen im Ego te absolvo kann nur der, dem diese Gewalt in schwache Hände gelegt war. Nichts fällt uns Menschen so schwer als unsere geheime Sünde, von der niemand weiß, in ein Menschenohr zu sagen; am allerwenigsten möchten wir solche Sünden ins Ohr des Freundes, des Vertrauten sagen. So hat Gott Menschen in Gnaden ausgesondert, daß sie Freund seien unter den Menschen ohne Familie, ohne Weib und ohne Kind, daß sie Freund seien den Menschen in ihren Beziehungen zu Gott. Diesen hat er ins Herz die verstehende Güte gelegt, daß sie der Barmherzigkeit heiliges Amt in Treue verwalten. In den Mund ist ihnen das allmächtige Lösewort auch von der schwersten Sünde, auch von der dunkelsten Schuld gegeben. Nicht ist von ihnen die Sünde genommen, damit sie aus der peinvoll eigenen Erfahrung Wissen von der Sünde haben. So ist das unmöglich Scheinende möglich geworden: Ein

Mensch vergibt Sünden begangen an Gott. Doch da ertönt der Zwischenruf: Wer kann Sünden vergeben als Gott allein. Dieses Wort gilt immer. Aber es ist ja gar nicht der Mensch, der solch Großes wirkt. Christus selbst, der Sünderheiland setzt seine Heilfunktion durch die Jahrhunderte fort. Dazu bedient er sich des Priesters. Im Priester und durch den Priester wirkt Christus Gnade und Sündenerlaß. Das ist auch der Grund, warum es uns leicht wird zu beichten. Wir sagen unsere Sünden durch das Ohr des Priesters hinein in das Herz Christi. Ob der Priester jung ist oder sehr erfahren, mag für den guten Rat, den ich erbitte, von Bedeutung sein. Für die sakramentale Wirkung, auf die es im allerletzten ankommt, ist es ganz gleich, ob der Priester jung ist oder alt, ob bekannt oder fremd, ob streng oder gütig, ob sein Zuspruch lang ist wie eine Sonntagspredigt, oder kurz wie der Christus-Zuspruch: Geh hin und sündige nicht mehr!

Im Bußsakrament kehrt der Mensch aus der Sünde heim in die Liebe; er wird wieder Kind Gottes, was er durch die Taufe war.

Opfern mit Christus.

Unser ganzes Leben erscheint wie beraubt von tiefen religiösen Einflüssen. Wir sprechen zwar in der Gegenwart mehr denn je von Religion; aber wir sprechen nicht mehr religiös. Wir disputieren viel über Gott, ob er ist oder ob er nicht ist; wie er zu denken sei und wie man ihn, den Unaussprechlichen, in Begriffe einfangen könne; aber wir nennen nicht mehr seinen hl. Namen, gleich als hätten wir Angst, er könne bei solch wirklichem Ruf unter uns erscheinen und den ehrfurchtslosen Mund uns schließen. Wir haben allerorts sehr viele christliche Kirchen und nicht wenig katholische Gotteshäuser; aber die schweren eichenen und eisernen Türen scheinen zu verhindern, daß Weihrauchwolke und Segenswort, daß heiliges Sprechen und heiliges Geschehen aus dem geweihten Innenraum herausströme und die Welt heilige. Unser ganzes Leben ist säkularisiert. Unser Leben ist in zwei Teile gespalten, zwischen denen jede Verbindung fehlt. Die Provinz des Religiösen ist ausgefüllt mit unserem religiösen Denken, mit unserem Gottglauben, Heilhoffen, mit unserer großen Liebe; um die wölbt sich der geweihte Raum der Kirche. Dort im Gotteshaus ist es an der Ordnung, an Gott zu denken, von ihm zu sprechen, und ihm zu leben. Unsere andere Teilprovinz, die weltliche, ist gebreitet über die Straßen, in denen wir schreiten, über die Räume, in denen wir arbeiten, über die Säle, in denen wir singen und tanzen. Unser ganzes Berufsleben in der Handwerksstube, im Fabrikraum, im Handel und in der Großindustrie, im Verkehr und in der Politik, ist wie gelöst aus der religiösen Verbundenheit, ist verweltlicht; die Ausnahme des Einzelnen bestätigt hier nur die weithin gültige Regel. Zwischen Sonntag und Werktag ist keine Verbindung, geschweige eine Auswirkung. So darf es nicht sein. Sind wir doch in der Taufe aus Menschen zu Christen geworden, daß wir das Leben aus Gott in uns hätten und es auch wirklich leben. Wir sind aber nicht nur am Sonntag und auch da nur für eine Kirchenstunde Christen und an allen anderen 6 Arbeitstagen gottentlassene Menschen. Nein wir sollen als Christen Christi und Gottes Gnadenleben in uns auswirken. Unser Werktag muß geheiligt werden aus dem Sonntag; unsere Arbeit muß geheiligt werden aus der Meßopferstunde. Das ist ja das Große unserer katholischen Frömmigkeit, daß sie nicht nur rückwärts aus der Erinnerung an den göttlichen Heiland lebt, der vor 2000 Jahren über die Erde ging, daß sie nicht nur aus gedanklicher Gegenwärtigsetzung gespeist wird. Dieser Quellgrund fließt in allen christlichen Bekenntnissen. Das Große unseres religiösen Lebens ist, daß wir aus dem lebendigen Christus leben, der ganz wirklich unter uns ist im Hochgeheimnis der hl. Eucharistie. Wir leben unser Gnadenleben nicht aus der Vergangenheit, sondern aus der Gegenwart; wir leben unser Gottleben nicht aus der Erinnerung, sondern aus der Wirklichkeit. Das Menschwerden Christi ist für uns nicht in Betlehem beschlossen, es geschieht jeden Morgen auf unseren Altären; Golgatha ist für uns nicht nur die Weltopferstunde Christi, vergangen in der Vergangenheit, sondern ist lebendig jeden Morgen vor unser Auge gestellt im Opfer der hl. Messe. Die Nachfolge Christi, das Leben in seinem Geist und aus seiner Liebe, ist uns aufgegeben in der hl. Taufe, ist von uns aufgenommen im Glauben, ist gefährdet durch die Sünde, wird immer wieder neu aufgenommen im Heimkehrsakrament. Aber nicht nur Nachfolge des Christus der Geschichte, nein wirkliches Mitleben mit dem Christus der lebendigen Gegenwart, mit dem ganz wirklich unter uns weilenden Christus, der den Opferweg der Selbsthingabe jeden Morgen auf unseren Altären vollzieht, ist uns geschenkt.

Das hl. Meßopfer ist für unser Gnadenleben, für unser Gottleben von größter Bedeutung. Wir können in den gezählten Minuten dieser Abendbetrachtung nicht alles uns ins Gedächtnis rufen, was aus der Fülle eucharistischen Gedankengutes aufleuchtet. Leitend soll uns der Grundgedanke der Meßliturgie sein, daß sie eine Opferhandlung ist. Da unser Gnadenleben ein nachgelebtes, nein neugelebtes Heilandsleben sein soll, da Christi Leben Opferleben war und immer ist, so muß auch unser Erdenleben ein Opfergang sein. Er nimmt seinen Ausgang aus der Opfergesinnung Christi, er geht zusammen mit Christi Opferweg, er sieht sein Ziel in der Hingabe an den Vater in der Entsündigung und Verklärung durch ihn. Wenn das so ist, können wir nichts besseres tun, als im hl. Meßopfer mit Christus das Opfer zu vollziehen, um es dann auszuwirken in der verweltlichten Sphäre unseres bürgerlichen Berufslebens.

Ehe wir unsern gnadenvollen Opferweg mit Christus beginnen, wollen wir uns die Frage beantworten, von wem das hl. Meßopfer dargebracht wird. Viele meinen, da sei von einer Frage gar keine Rede, die Opferhandlung vollziehe doch der Priester. Ja so scheint es auf den ersten Blick. In Wirklichkeit ist es Christus als Haupt des wundersamen Leibes, den wir Kirche nennen, zu dem jeder Getaufte lebendiges Glied ist, der das Opfer in der Eucharistie darbringt. Der Priester ist wie jeder andere Christ Glied am Leibe Christi; er ist Glied, dem in der hl. Priesterweihe ganz bestimmte, ihm allein zustehende Funktion gegeben ist. Wie im Bußsakrament, so bedient sich auch in der hl. Messe der göttliche Heiland des Priesters, um durch dessen Willen, Sprache und Hände die sichtbaren Zeichen zu setzen, welche in der sakramentalen Ordnung das geheimnisvolle Geschehen auf dem Altar bewirken. Wir alle mit dem Haupte Christus bringen das hl. Meßopfer dar; der Priester vollzieht kraft seiner Weihe die liturgische Handlung. Die Meßgebete sind erfüllt von dem Bewußtsein, daß die hl. Handlung nicht getragen wird von dem ausgesonderten einzelnen, sondern von der Vielzahl der Gläubigen, die geeint ist im Haupte Christus. Weitaus die meisten Opfertexte sprechen in der Wir-Form. So: Wir opfern Dir den Kelch des Heiles; oder: Betet Brüder, daß mein Opfer und Euer Opfer Gott wohlgefällig sei. Daß die hl. Messe keine religiöse Privatangelegenheit des Priesters ist, wird auch belegt durch die Vorschrift, daß bei jeder hl. Messe Gemeinde im Mindestmaß eines Ministranten vorhanden sein muß. Im Opferdienst, den wir als Glieder im Verein mit unserm Haupt Christus dem Vater weihen, müssen wir das tun, was Christus tut. Denn darauf kommt es bei der hl. Messe besonders an, daß etwas getan wird in der Richtung auf den Vater hin. Im Unterschied von jedem anderen Gebet ist die hl Messe, die ja umgeben ist von einem Kranz allerwertvollster Gebete, in ihrem Kern mehr, sie ist religiöse Handlung, aktio, wie der Kanon der hl. Messe es selbst nennt. Beten können wir Menschen oft und immer; können wir ungestörter vielleicht in der Stille unseres Zimmers; nachdenken über religiöse Wahrheiten können wir im stillen Raum unserer Innerlichkeit. Wenn ich beim hl. Meßopfer bin, dann will ich das tun, was Ich allein, isoliert nicht tun kann. Ich will durch Christus und in Christus und mit Christus das einzige Opfer bringen, das vor Gott Wert hat. So wollen wir überdenken, was bei der Opferung, Wandlung und Kommunion geschehen muß. Wir werden unser Augenmerk richten auf das, was Christus das Haupt tut, und auf das, was mit den Opfergaben geschieht.

Beginnen wir mit der hl. Opferung. Christus reicht durch die Hände des Priesters die Gaben von Brot und Wein zum Vater empor; sie sind ja bestimmt, daß aus ihnen werde der Leib und das Blut des opfernden Christus. Deswegen wird Brot und Wein ausgesondert vom gewöhnlichen Gebrauch. Die Opfergaben werden gesegnet, geweiht, bereitet als heilige Gabe, daß durch das Wunderwort der hl. Wandlung Christus selbst in ihnen sei. Nun sind die Opfergaben bei allen eigentlichen Opfern stellvertretende Zeichen; die Gabe ist Symbol für den, der opfert. Aus solchem Wissen haben die heiligen Väter den Sinn des Brotes und Weines gedeutet. In der Brotgabe ist das Mark vieler Weizenkörner zur Einheit der Hostie gebunden, im Wein wird das Blut vieler Weintrauben zur Einheit dieses Kelchinhaltes gebildet. Die Vielheit der Weizenkörner und Weinbeeren das sind wir einzelnen Getauften, die unter dem Haupte Christus stehen. Wir selbst sind in Christus Mitopfernde, Opferpriester im wirklichen Sinn. Wir sind aber auch Opfergabe, so wie Christus sich selbst opfert. Die Bereitung und Segnung, die am Brot und Wein vollzogen wird, soll ebenso an uns getan werden. Beim feierlichen Levitenamt werden die Altargaben mit Weihrauch umhüllt, gleich nachher werden Priester, Assistenten und die ganze Gemeinde in Weihrauch gehüllt zum Zeichen, daß wir alle miteinbezogen sind in das Opfer als Opfergabe. Der Bereitung der sachlichen und personalen Opfergabe soll entsprechen die bewußte Opfergesinnung im Herzen. Wie Christus bei der hl. Opferung in der emporgehobenen Opfergabe sich selbst dem Vater hingibt, so vollziehen auch wir in den äußeren Gaben die innere Hingabe unseres ganzen Ich an den Vater. Ich will nicht mehr meinem Willen folgen, meinen Neigungen nachgehen; ich will dem Vater gehören, in seinen heiligen Willen mich stellen, ihm ganz zu eigen sein. Das wird im letzten Opferungsgebet ausdrücklich gesagt: Im Geiste der Demut und mit zerknirschtem Herzen möchten wir von Dir aufgenommen werden, o Herr! Lass unser Opfer heute vor Deinem Antlitz so dargebracht werden, daß es Dir gefalle, Herr und Gott. So geben wir uns in der hl. Opferung als wirkliche Opfergabe dem Vater hin, daß wir von ihm angenommen werden.

Was geschieht nun mit uns, wenn wir nach solcher Selbsthingabe dem Vater gehören? Das sagt uns das heilige Geschehen in der Wandlung. Christus beugt sich in der Gestalt des Priesters über Brot und Wein und sagt wie beim ersten Mal im Cönakulum auf Sion in das heilige Schweigen die Worte: Dies ist mein Leib, dies ist mein Blut. In demselben Augenblick geschieht, was Christus sagt. Brot hört auf Brot zu sein, der Wein hört auf als Wein zu existieren; es sieht nur so aus, als wäre Brot und Wein noch auf dem Altar. Unsere leiblichen Augen sind zu unzulängliche Organe, sie können den Unterschied nicht sehen. Unter beiden Gestalten, unter den trügenden Schleiern von Brot und Wein, ist der lebendige Christus ganz und ungeteilt mit Blut und Fleisch, mit Seele und Leib, in seiner Gottwürde, in seiner Menschenniedrigkeit ganz wirklich da. Nachdem wir staunend und voll Ehrfurcht angebetet haben, besinnen wir uns, daß wir Opfergabe sind. Also muß auch über uns eine Wandlung kommen. In der hl Wandlung nimmt Gott Vater unsere in der Opferung vollzogene Hingabe an. An Stelle unseres Willens, den wir opfernd an Gott fortgegeben haben, tritt der Wille Christi. Unsere Wünsche und Anliegen hören auf da zu sein, wie das Brot nicht mehr da ist. Christi Wünsche, Christi große Anliegen werden zu unseren allerwichtigsten Angelegenheiten. Wie Brot und Wein verwandelt werden in den wahren Leib Christi, so muß ich selbst in der hl. Wandlung mich verwandeln lassen in ein Glied Christi, das mit jeder neuen Wandlung immer größere Ähnlichkeit und Gleichförmigkeit mit Christus gewinnt. Was ich im sittlichen Leben in der Nachfolge Christi erstrebe, das wird sakramental von oben geschenkt als Gnade und heiliges Geschehen.

Von der hl. Wandlung schreitet die große Aktion Christi fort zur hl. Kommunion. Hier vollbringt in höchster Liebestat Christus den Herzenswunsch seines Lebens. Es ist ihm nicht genug, mit Menschen, die in Glaube und Liebe zu ihm stehen, die in der Taufe in seinem eigenen göttlichen Lebensgrund wurzeln, wie ein Rebzweig im Weinstock wurzelt, zusammen in heiliger Gemeinschaft zu stehen. Das Wunder des Schöpfungsmorgens, da Gott mit dem Menschen vertraute Zwiesprache hält, soll in der zweiten Schöpfung überhöht werden. Nicht mehr nebeneinander will Christus mit seinen Jüngern sein, sondern eins werden so tief und wirklich, wie es nur in der Form der Nahrung verdeutlicht werden kann. Brot, das ich esse, wird im Blut Teil von mir. So gibt sich Christus in der hl. Kommunion dem hin, der sich mit ihm in Opferung dem Vater hingibt, der sich in der hl Wandlung umbilden lässt, daß er ganz in ihn eingehe, ganz mit ihm eins werde.

In der hl. Kommunion wird das Opfer der Menschenhingabe beantwortet mit der Gotthingabe in den Menschen. Die Liebe feiert ihren gottmenschlichen Triumph, von dem die Engel an sich nichts erfahren haben, vor dem sie anbetend knien. In der hl. Kommunion wird wahr die Erfahrung des hl. Paulus: Nicht mehr ich lebe, sondern Christus lebt in mir. Nicht mehr Christus und ich, sondern Christus in mir, ich in Christus.

In jedem echten Opfer liegt ein heiliges Sterben. Das Samenkorn wird in den Boden gelegt; erst, wenn es verwest ist, wird der neue Keim geboren. Jede Mutter wagt in ihrer heiligsten Stunde ihr eigenes Leben, damit das Kind zum Leben komme. Leben muß gewagt werden im Opfer, damit durch den Tod neues Leben geboren werde. Dieses Gesetz aus dem organischen Leben hat Christus selbst aufgezeigt für die übernatürliche Ordnung; er selbst stirbt den Opfertod, damit wir Menschen das Gottleben gewinnen. So fordert auch der göttliche Heiland die

Hingabe, das Fortgeben, das Verlieren unseres eigenen Lebens an Gott im Opfer; der Heiland sagt, wer sein Leben behält (für sich), der wird es verlieren; wer sein Leben verliert (an Gott!), der gewinnt es in Wirklichkeit. Das ist der tiefe Sinn dessen, was in der hl. Kommunion sich vollzieht. Für unsere Hingabe an Gott, gibt Gott sein eigenes Leben in uns hinein.

Doch mit dem Ite missa est! ist die hl. Messe nicht beschlossen. Aus dem Sonntagsopfer soll die Woche gespeist sein. Aus der täglichen hl. Messe soll jeder Tag neu aufleben als Opfertag. Da wir alle Glieder am Leibe Christi sind, will Christus das Haupt, daß wir die Opfergesinnung, die wir in der hl. Messe in heiliger Gemeinschaft verwirklicht haben, auch im Leben an einander betätigen. Das Haupt sagt zu den Gliedern: was Ihr dem geringsten meiner Brüder getan, das habt Ihr mir getan. Es kann niemand das Haupt lieben und den Mit-Gliedern Feind sein. Wie kommt es nun, meine Lieben, daß das hl. Meßopfer in uns so wenig Christus-Geist-Liebe-Gesinnung zündet? Der Gründe mögen viele sein. Liegt es nicht aber hauptsächlich daran, daß wir in der hl. Messe viel zu viel danebenstehen, im Buch blättern, irgendwelche Gebete mehr oder weniger andächtig sagen. Ganz dabei sollen wir sein; die Opferhandlung Christi bewußt mitvollziehen, den Anruf zur Auswirkung des Opfergeschehens im täglichen Leben hören. Pius X. hat uns die frühe und tägliche hl. Kommunion geschenkt. Reiche Früchte sind aus dieser Gnadensaat gereift. Wer jedoch die hl. Kommunion aus der hl. Messe herauslöst und zu einer Andacht macht, der hat die große Absicht Pius X. sehr schlecht verstanden. Als Konzelebranten Christi sind wir gehalten auch mit ihm Opfermahl zu halten. Aus seiner gnadenvollen Einwohnung in uns soll unser ganzer Tag, unsere volle Arbeitswoche geheiligt und verklärt werden.

Rang und Struktur des Gebets.

Seit es Menschen auf Erden gibt, gibt es einen Verkehr zwischen Menschen und Gott. Aus Paradieses tagen meldet uns die hl. Alturkunde von dem Sprechen Gottes mit den ersten Menschen in der Abendkühle. Auch der gefallene Mensch, der sich losgerissen hat aus der trauten Freundschaft mit seinem Schöpfer, kann des Sprechens zu Gott nicht entraten; nein, er muß es aus zwingender Notwendigkeit heraus. Selbst die Völker und Menschen, die das Bild und den Namen des wahren Gottes aus ihrem Herzen verloren und ausgelöscht haben, die da mit eigener Hand den Gott sich machten im geschnitzten Bild, haben zu dem stummen Bild den Flehruf ihres Herzens und den Preisgesang ihrer Liebe geschickt. Auf der ganzen Erde ist das Rufen und Sprechen des Menschen zu Gott hörbar. Es ist dem Menschen angeboren, er kann gar nicht anders, er muß einfach beten. Im Volke Israel, das Gott sich ausersehen hatte, den wahren Gottesnamen durch den Unglauben der Heidenumwelt zu retten, steht der Gottverkehr des Frommen auf hoher Stufe. Im Psalmenbuch, das David geschrieben und gesammelt hat, ist nicht nur dem jüdischen Volke, nein der ganzen Menschheit das Gebetbuch geschenkt. In diesem Psalmenbuch hatte der religiöse Mensch auch zu Zeit Jesu die heiligen Texte in reicher Zahl und großer Mannigfaltigkeit, die für jede Not und für jedes Leid der Menschenseele wie auch für Freude und Jubel Ausdruck und Gefäß sein konnten. Wir wissen, daß nicht nur die Apostel, geistig und religiös aufgewachsen, in der Synagoge die Psalmen gebetet haben. Wir wissen, daß auch der göttliche Heiland selbst seinen Anbetungsdienst für den Vater, den Flehruf seines sterbenden Herzens, im Psalmenwort ausgesprochen hat. Das erschütternde Wort seiner Verlassenheit am Kreuz hallt im Eingangswort zum 21. Psalm über die Welt zum Himmel empor. Wir wissen, daß die Psalmen als Teilstück der hl. Schrift zum wirklichen Urheber den hl. Geist haben. Und doch sind die Apostel zum göttlichen Heiland gekommen und haben gesagt:

Herr, lehre uns beten! – Christus hat die Bitte als berechtigt angesehen; denn er hat sie erfüllt. Es muß also doch ein wesentlicher Unterschied sein zwischen dem Beten schlechthin, wie es Gemeingut der gesamten rufenden Menschheit ist und dem Beten, wie es uns durch Christus Jesus geschenkt worden ist. So wollen wir uns heute Abend besinnen auf die Würde und Hoheit, auf Eigenwert und die Kraftwirkung des christlichen Gebetes; denn im Gebet wird Gnade um Gnade herniedergezogen in die Menschenseele; es werden die geistlichen Aufbaukräfte für die Heiligung des ganzen Lebens gegeben. Die Gnade bewegt sich von oben nach unten; das Gebet geht von unten nach oben. Die Gnade fließt aus dem Herzen Gottes und ist das Beste, was Gott uns Menschen zu geben hat. Das Gebet strömt aus dem Menschenherzen zu Gott und ist das höchste, was der Mensch aus seiner Innerlichkeit und aus seiner Sammlung zu geben weiß. Wir wollen weiter die Rangordnung im Wertbereich des Gebetes sehen und zur Geltung bringen. Schließlich wollen wir offenen Auges die Schwierigkeiten sehen, die uns die Freude am Gebet verderben, und Einsicht gewinnen für die Voraussetzungen, unter denen mit der Gnade unser Gebet gelingen kann.

Eine erste Forderung, daß unser Gebet gelinge, ist die, daß es an den wahren Gott gerichtet sei. Auch vor dem Offenbarwerden Gottes und vor der abschließenden Botschaft Christi haben die Menschen aller Länder gebetet. Wie oft aber mag an ihrem Gebet der nagende Zweifel und die schreckliche Ungewissheit gezehrt haben, daß es einen Gott geben müsse, sagte ihnen Verstandeseinsicht und Ahnungsvermögen. Ob es aber nur einer sei oder deren viele, ob der griechische Olymp das rechte sei oder die orientalischen Himmel, ob Gott eine Kraft nur sei, die das All durchzieht, oder ein absolutes Wesen mit personalem Selbstbesitz; ob Gott gerecht sei, und ob er auch gütig verzeihe, all diese Ungewissheiten müssen dem vorchristlichen Beter in seinen frommen Minuten schwer auf der Seele gelastet sein. Manchmal mag solch betender Mensch das Gebet des Zweiflers gesprochen haben: Wenn Du der bist, den wir Menschen Gott nennen, dann bete ich Dich an. Manchmal mag die Stimme solch ringender Beter verklungen sein, wie wenn eine Stimme in den dunklen, leeren Raum hineinklingt, ohne daß eine Antwort zurückkehrt ins rufende und fragende Herz. Seit Gottes Wesen und seine heilige Wirklichkeit im Antlitz Christi aufgeleuchtet ist, ist diese Ungewißheit von uns genommen. Wir wissen nicht nur auf Grund unserer Verstandeseinsicht, daß es ein höchstes Wesen gibt, wir wissen durch die Offenbarung Christi, daß Gott lebendige Person ist, die den Menschenruf im Gebetsspruch hört, von der eine Antwort ausgeht. Daß wir mit der rechten Gottvorstellung im Gebet sind, danken wir Christus.

Vom göttlichen Heiland haben wir für unser Beten auch die rechte Anrede gelernt. Wir haben im Vaternamen Gottes, den der göttliche Heiland uns gesagt hat, den Schlüssel, der uns das Herz Gottes öffnet. Seit der Menschwerdung Christi, seit Christus selbst in seinen heiligen Gebetsstunden Gott angerufen hat mit dem trauten Vaternamen, seit er den Aposteln gesagt, wenn Ihr betet, sprechet: Vater unser......, seit dieser Zeit dürfen, nein müssen wir, soll unser Gebet recht sein, beginnen, in dem wir Gott nennen bei seinem hl. Namen. Er ist nicht ein unpersönliches Wesen; nein wir können ihn anrufen, aussprechen mit dem Namen, der uns gesagt ist von dem einzigen, der die Tiefen Gottes kennt. In dem Recht, daß wir Gott Vater nennen dürfen, ist uns auch der richtige Standort für unser Beten angewiesen. Wenn Gott unser Vater ist, dann sind wir seine Kinder. Dann muß im Beten unsere Sprechweise alles Gekünstelte und Erklüngelte meiden. Dann muß in unserem Beten zum Ausdruck kommen die Einfachheit unseres Sinnes: wir wollen im Gebet mit Gott nicht ein gutes Geschäftchen machen, nicht Gott im Gebet übervorteilen; denn das Kind weiß ja, daß der Vater größer ist und klüger. Wir sprechen zu Gott „Vater" mit der uns eigenen Natürlichkeit und Offenheit. Freilich ziemt uns Ehrfurcht, die da weiß um den Abstand zwischen Gott und Mensch. Der

Abstand bleibt bestehen, aber es geht ein Weg über den Abgrund, auf dem das von oben geschenkte traute „Du" vom Kinde zum Vater geht. Das Kind spricht zum Vater in der klaren Sphäre des Vertrauens; so steigt auch das christliche Gebet aus einem Menschenherzen auf, das in sich die Gewissheit trägt, daß der Vater, von dem alle gute Gabe kommt, unser Beten hört und erhört, wenn es uns nur zum Heil ist. Wenn schon der Vater auf Erden dem Kind, das töricht bitten würde, den roten schönen Giftpilz essen zu dürfen, es nie erlauben, ja unter Schlägen wehren würde, dann wird es oft unserem Beten und Bitten geschehen, daß dem Wunsch keine von uns gewollte Erhörung wird. Nur aus Güte und Liebe, weil es für uns nicht gut, werden unsere Gebete manchmal in einer Richtung erfüllt, die wir nicht erwartet. Wenn wir als Christen beten, dann stehen wir als Kinder vor Gott in der Haltung der Ehrfurcht, im Vertrauen auf Gehört werden, in der Freude, daß wir einen guten Vater haben, dem wir alles sagen dürfen.

Als Christen sind wir aber nicht nur Beter, die die Gebetsanweisung Christi befolgen, nein als Christen sind wir ja Glieder des Leibes, zu dem Christus das Haupt ist. Wir beten als Glieder am Leibe Christi, und so beten wir durch den Mund unseres Hauptes Christus. Dadurch gewinnt unser Gebet eine Würde und einen Wert, die sonst keinem nur menschlichem Gebet eignet. Bei jedem unserer Gebete berufen wir uns auf unser Haupt Christus. Hört Gott auf jedes menschliche Gebet, auch wenn es nicht aus dem wachen Bewußtsein unserer Gliedschaft am Leibe Christi kommt, so nimmt Gott kein Gebet so gern von der Erde entgegen, als wenn es vor den Thron seiner Gnade gebracht wird durch den göttlichen Sohn, an dem der Vater sein Wohlgefallen hat. So unterscheidet sich das Gebet des Christen an Würde und innerem Wert vor Gott ganz wesentlich von jedem anderen Gebet. Christus hat uns gesagt von dem, der im unzugänglichen Licht wohnt. Christus hat uns das Recht gegeben, daß wir in Gemeinschaft mit ihm

Vater sagen dürfen. Christus hat uns in sich eingegliedert, sodaß all unser Beten durch sein Herz und durch seinen Mund zum Vater gelangt.

Wenden wir uns zur Struktur und Rangordnung des christlichen Gebetes. Ja, es gibt eine Wertordnung auch im Übernatürlichen. Schon bei der Reue sahen wir: es gibt im Menschen eine Reue aus bloßer Furcht vor menschlichem Gericht und Strafe. Die gilt vor Gott gar nichts. Ein anderer bereut seine Sünde, weil er die Hölle verdient; diese christliche Furchtreue gilt vor Gott. Wieder ein anderer bereut, nicht weil er über sich selbst Unheil gebracht hat, sondern nur deswegen, weil er Gott, der ihn geliebt, beleidigt hat. Dieser höchste Grad der Reue, den wir Liebesreue nennen, brennt auf der Stelle die Sünde aus dem Herzen. In allen drei Fällen haben wir es mit menschlicher Reue zu tun, und doch in jedem Fall ist ein wesentlich anderer Reuewert gegeben. Solch ähnliche Rangordnung besteht auch in der Wertunterscheidung des Gebetes. Jedes aufrichtige, andächtige Gebet ist vor Gott gut; aber nicht jedes Gebet ist bei gleicher Andacht gleich gut. An die erste Stelle gehört das Anbetungsgebet, das Lob- und Preisgebet; denn unser erster Zweck auf Erden ist, daß wir Gott erkennen und lieben. Im Anbetungsgebet stehen wir voll Freude über die Liebe, voll Bewunderung über die Größe Gottes und können nichts anderes tun, als immer wieder mit dem ganzen Unvermögen unseres Staunens bekennen: wie groß bist Du, wie heilig ist Dein Name. Im Anbetungsgebet klingt aus der Tiefe zur Höhe das stammelnde Menschenwort: Du bist Gott; ich bin Dein Geschöpf; ich bete Dich an, ich lobe Dich, ich preise Dich. Das Anbetungsgebet hat keine Nebenabsichten für den Betenden, es ist zweckfrei; es will nichts erreichen; der Sinn des Anbetungsgebetes erfüllt sich, wenn nur Gott auf jede Weise verherrlicht wird. Der Anbetende denkt nicht an sich; er denkt nur an Gott. Im Anbetungsgebet hat der Mensch seine Freude vor Gott zu stehen und den Jubelgesang seiner Seele im heiligen Lied zu singen. Es ist das ganz und allein gottbezogene Gebet, frei von aller Erdhaftigkeit und menschlichen Selbstsucht.

Dem Anbetungsgebet am nächsten steht das Dankgebet. Betend schaue ich um mich und sehe das Werk der Schöpfung, das für uns bereitet ist. Ich schaue in mich und sehe die Wunder der Gnade und Liebe Gottes, die durch die Erlösung in uns ausgeschüttet sind. Es falten sich die Hände und die Lippen sagen den Dank des Herzens, der aus solcher Einsicht kommt. Im Dankgebet sieht das Menschenherz, überwältigt von der Gabe und vom ausgeschütteten Reichtum Gottes, einen Weg von der Gabe zum Geber. Im Dankgebet bleibt der Beter nicht bei seinem Reichtum und bei seinem Glück, sondern er geht zum Urheber.

Kommt das Bittgebet. Das Anbetungsgebet strömt aus dem Bewußtsein von der Größe Gottes, das Dankgebet aus dem Innewerden von der Güte Gottes. Beide Gebetsweisen gehen von Gott aus und ruhen in Gott. Das Bittgebet kommt nicht so sehr aus der Größe Gottes, als vielmehr aus dem eigenen Klein- und Schwachsein; kommt nicht aus dem sichtbargewordenen Reichtum Gottes, sondern aus der eigenen Armut und Not. Das Bittgebet ist immer ein De-profundis-Schrei des Menschen, freilich des Menschen, der bei all seiner empfundenen Gottverlassenheit, seiner Gottferne, seiner Not nicht vergisst, daß Gott doch da ist, der ihm helfen kann. Wenn das Bittgebet in der Gebetswertordnung auch an letzter Stelle steht, so ist es damit in keiner Weise als wertlos gezeichnet. Wir dürfen nicht nur bitten, nein wir sollen, müssen bitten. Christus selbst hat uns in seinen Parabeln vom nachts klopfenden und bittenden Freund ganz deutlich gesagt, wie wir bitten müssen. Christus hat Erhörung verheißen dem, der anklopft. Das Bittgebet ist zu unserm Heil durchaus notwendig. Doch das alles ist gar nicht not zu sagen. Das Bittgebet nimmt ja in unserem Herzen den allerweitesten Raum ein. Es ist vielmehr notwendig, daß wir vielmehr Zeit und Raum und Gebetskraft weihen dem Anbetungsdienst Gottes. Wir müssen viel vorlauter werden im Anbeten und viel bescheidener in unserem Bitten. Das Reich Gottes, die Anbetung des Vaters, das ist das eine Notwendige in unserem Gebetsdienst. Alles andere soll uns hinzugegeben werden. Gott kennt ja die Nöte unseres Lebens, die Kämpfe unseres Herzens. So haben wir die Gebetswertordnung dem Inhalt nach überblickt.

Noch ein kurzer vergleichender Blick auf den Wertunterschied, der aus der Form des Gebetes sich herleitet. Nur zwei große Formunterschiede wollen wir ins Auge fassen. Das liturgische Gebet und das private Gebet. Das liturgische Gebet ist getragen von der Gemeinschaft aller derer, die zum Haupte Christus gehören. Unsere hl. Kirche ist in ihrem innersten Wesen die ecclesia orans. Im liturgischen Kult der hl. Messe bringt sie dem Vater durch Christus als Haupt das Opfer der Anbetung dar. Im liturgischen Gebetsdienst steht die Kirche Tag und Nacht anbetend vor Gott und erfüllt die Mahnung Christi vom Gebet ohne Unterlaß. Zum liturgischen Gebet gehören vornehmlich die Texte der hl. Messe und des Breviers. Dieses wird heute nur vom Mönch und Priester gebetet; es ist dies der große Anbetungsdienst, an dem alle Gläubigen, in ihren Priestern vertreten, teilnehmen. Gott Dank, hört das liturgische Gebet auf als Privileg des geistlichen Standes zu gelten. Ein früherer Berliner Pfarrer (Stephan), der vor kurzem zum Anbetungsdienst in die Ewigkeit befohlen ist, hat uns eine deutsche Ausgabe des Breviers geschenkt, von der beide Bände vorliegen. Die Kirche freut sich über jeden, der mit im liturgischen Gebet steht, weil er dann durch unser Haupt Christus betet und weil das liturgische Gebet in ganz hervorragender Weise Anbetungsgebet ist. Aus diesem Grunde ordnet die ecclesia orans das liturgische Gebet über das persönliche Gebet des Einzelnen, des Isolierten.

Im privaten Gebet des Einzelnen erfüllen wir Christi Wort: willst Du beten, geh in Deine Kammer, und der Vater, der ins Verborgene sieht, wird Dich erhören. Zum liturgischen Gebet eint sich die Menschheit in ihrer gläubigen Gemeinschaft; im privaten Gebet vollzieht sich die stille Begegnung, von der der einsame Beter von Little Moore Cardinal Newman ausgesprochen: Myself and my Creator (Gott und die Seele). Hier ist der Ort unseres täglichen Betens; hier ist der Kraftquell, aus dem unser Tagewerk gespeist sein soll im Grüßen Gottes um die Zeit des Sonnenaufstieges; hier das Ruhigwerden des Menschen im Nachtgebet. Der Raum zu diesem Gebet ist an keine Kirche gebunden und überhaupt an keinen Ort. Im Stoßgebet, das aus der Not oder aus der Fülle, aus der Hoffnungslosigkeit oder aus dem Jubel kommt, können wir in jeder Stunde und in jeder Situation mit Gott sprechen.

In unseren privaten Gebeten pflegen wir vorzüglich in zweifacher Weise mit Gott Umgang. Sehr oft sprechen wir aus einem guten Buch oder aus dem Gedächtnis einen geformten Text; das nennen wir das mündliche Gebet. Das wertvollste mündliche Gebet hat uns der göttliche Heiland im Vater unser gegeben. Zwei Gefahren müssen wir bei jedem mündlichen Gebet meiden, soll es zu Gott dringen. Es darf nicht Lippendienst werden; unser mündliches Beten fließt zwar von unseren Lippen, aber das darf nur die Ausgangspforte sein, durch die unser Gebet aus dem tiefen Innenraum unseres Herzens kommt; es darf nur die Lautbarwerdung unseres schweigenden Betens sein. Dann müssen wir uns ernst mühen, daß wir mit unserem ganzen lebendigen Sinn hinter den Worten stehen, die wir zu Gott sagen. Wir dürfen im Beten nicht unwahrhaftig werden. Wenn ein Märtyrer betet: ich bin bereit mein Leben für Dich hinzugeben, so hat dies einen tiefen Sinn, weil er wirklich bereit ist, zu dem, was er mit seinen betenden Lippen bekennt. Wenn ich es aber nur einfach nachsage und doch genau weiß, wie leicht eine Lüge von denselben Lippen fließt, dann ist solches Gebet oberflächlich und unwahr.

Im betrachtenden Gebet schweigt der Mund; der innere Mensch läßt sich erfüllen von Gott im Beschauen seiner Größe, im Bewundern seiner Liebe, im Vertiefen in das Leben, Leiden, Opfer des göttlichen Heilands. Im betrachtenden Gebet steht die Seele in schweigender

Bereitschaft, öffnet sich, daß Gott sie erfülle. Im betrachtenden Gebet, besonders im Stadium der Vollendung, spricht nicht der Mensch, sondern Gott spricht zum Menschen. Im betrachtenden Gebet wird uns jenes Heiligtum unseres Herzens gebildet, in dem Gott heimisch ist, aus dem zu jeder Zeit das Gebet zu Gott aufsteigt.

So haben wir im Aufriß und in Kürze einen Überblick gewonnen über die Möglichkeiten zum Beten. Schon lange höre ich den ungeduldigen Einspruch: alles schön und gut, alles habe ich schon so oft versucht und --- nichts fällt mir so schwer als beten. Wenn ich beten könnte, ja dann wäre alles gut! Aber ich kann wirklich nicht beten. Es gibt viele Hemmungen, die auf unserer Seite liegen; manche von ihnen lassen sich gut beheben. Das Gebet führt in die Tiefe; das widerstrebt uns, denn wir bleiben lieber an der Oberfläche. Das echte Gebet führt zur Einsicht in uns und zur Demut; das wittert unser hochfahrender Sinn. Gebet ist ein übernatürliches Tun; das fällt uns schwer, die wir ganz im Natürlichen aufgehen. Auf einen Grund nur noch sei hingewiesen, weil er für uns Großstadtmenschen vielleicht doch der wichtigste ist. Zum Beten gehört Ruhe und Stille. Wir alle machen nur allzu oft den Fehler, daß wir uns aus der Hast und Unruhe der Straße, aus der Aufgeregtheit des Arbeitens, ins Gebet stürzen. Bei gutem Willen und bei fleißiger Übung würde unser Beten allmählich gesunden, würden wir vor jedem Beten eine Minute, eine ganze Minute im wirklichen Schweigen, im Stillwerden, im Nichtsdenken verbringen. Bei allen Schwierigkeiten wollen wir zwei Trostgründe nicht vergessen: einmal, daß Beten eine heilige Kunst ist, die durch Ausdauer und Schulung in der Lehre unseres Meisters Jesus Christus erlernt werden kann und zweitens, daß Beten im letzten Gnade ist, die wir nicht erzwingen, für die wir uns nur bereiten können.

Unter dem Kreuz.

Laut umbrandet der Lärm das Pilatushaus. Im Innern steht vor dem Römer der Menschensohn und läßt Gericht halten über seine Königskrone. Schon zweimal hat der Richter den Klägern gegenüber durchblicken lassen, daß er auf Freispruch erkennen muß, weil die Belastung nicht standhält und der Beweis nicht erbracht ist. Aber den Klägern geht es nicht um Gericht und Rechtsprechung, denen geht es um Tod und Leben; denen geht es um die eigene Existenz, die absolut unvereinbar ist mit der weiteren Existenz Christi. Der Haß ist oft stärker als Wahrheit und Liebe. Pilatus ist durch Klage und Scheinbeweis zum Schuldig nicht zu bringen; dazu ist er zu klug, zu sehr Römer und Jurist. Aber Pilatus ist zu beugen durch Drohen mit Lärm und Aufruhr, mit Appell an den Kaiser. So sorgen sie dafür, daß der Lärm nicht schwächer wird, daß der Haß nicht verebbt, daß die Leidenschaft wächst bis ein einziger gellender Volksschrei in die stille Gerichtshalle dringt. Kreuzige ihn, kreuzige ihn; den mußt Du kreuzigen, nicht den Straßenräuber Barabas, nein, Jesus von Nazareth mußt Du ans Kreuz hängen, sonst bist Du kein Freund des Caesar. Der Römer gibt nach trotz der Angstbitte des traumgequälten Weibes. Das Recht schließt die Augen; der Haß stürzt auf sein Opfer und schleppt es unter dem Johlen des Pöbels hinauf nach dem Richtplatz, außerhalb der Stadt, auf den Calvarienberg. Innerhalb der heiligen Stadt darf Menschenblut nicht vergossen werden; und — außerhalb vergießen sie Gottesblut in Strömen. Dort tut die Weltsünde ihr grausiges Werk mit all den schrecklichen Einzelheiten. Sie reißen die Kleider aus den Wunden des zergeißelten Leibes; mit roher Gewalt werfen sie ihn nieder auf das kantige Kreuz; sie treiben die Nägel durch die Hände, welche die Kinder gesegnet und die Kranken geheilt; durchnageln die Füße, die von Ort ihn zu Ort getragen, Gutes tuend; für den heißen Fieberdurst kredenzen sie Essig, für das Wimmern und Zucken des Sterbenden haben sie den gemeinen Witz und den triumphierenden Hohn. Nun endlich verstummt der Lärm; der Haß und die Weltsünde haben ihr schreckliches Werk ganz zu Ende getan. Sie können nun ruhen und nach Hause gehen; mit ihnen kehrt heim Israels hassende Priesterschar. Die Sonne versagt ihren leuchtenden Dienst. Stiller, immer stiller wird es um den Ort des schrecklichen Sterbens; nur der Wache Schritt hallt durch die Stille. Die Liebe leidet in Maria, die Treue wacht in Johannes, die Reue und Buße weint in Maria von Magdala. Ganz still ist es geworden auf der Erde. Es ist, als ob die Natur den Atem verhalte. Da geht ein Zucken durch das Herz der Erde wie ein Aufschrei, und an der Oberfläche zittert das Beben nach. Wieder ists still. Da öffnet sich das brechende Auge der sterbenden Erlöserliebe zum letzten Mal: noch einziger Blick geht über die Erde und dieser meldet dem Gottessohn, daß nun alles getan ist am Werk der Erlösung; die große Opferliturgie ist vollzogen. Jetzt öffnen sich die bleichen, bebenden Lippen zum Ita missa est in der Weltopferstunde: consummatum est: Es ist vollbracht! Damit neigt er das Haupt und gibt seinen Geist auf.

Das ist die Stunde heiligster Liebe, die unauslöschlich in das Denken und Sinnen der Menschen eingegraben ist. Das ist des Karfreitags großes Geheimnis, daß das Kreuz Christi hineingestellt worden ist als das Zeichen des Heiles, als das Zeichen der Erlösung mitten in die Welt. Früher war es das Holz allerschlimmster Schande und Schmach. Es war die grausigste Todesstrafe, mit der nur Sklaven und Unfreie belegt werden konnten; niemals durfte der freie Römer gekreuzigt werden. Zum Volkswort war der Spruch geworden: Verflucht sei, wer am Kreuze hängt! Aber seit Christus am Kreuze gehangen, ist die Schmach genommen, ist die Schande gewichen, ist aus dem Zeichen des Untergangs eine Trophäe herrlichen Sieges geworden. Das Kreuz ist so verbunden mit dem Lebenswerk Christi, daß Christus gar nicht anders gedacht werden kann, es sei denn als der Gekreuzigte. Nun sollen wir, die wir uns Christen nennen, lebendig eingegliedert sein in Christus. So sind wir alle, ob wir wollen oder nicht unter das Kreuz Christi gestellt. Das Kreuz ist für uns ein Zeichen des Bekennens, zu dem wir stehen in Treue, auch, wenn die Juden Ärgernis nehmen und die Neuheiden es Wahn und Torheit nennen. Das Kreuz ist für uns ein Zeichen, an dem wir erkannt werden: nur an weß` Seele das Kreuz der Erwählung und das Kreuz der Verklärung aufleuchtet, wird heimgenommen vom Vater in die ewigen Wohnungen. Das Kreuz ist für uns zum Lebensgesetz der Christusnachfolge geworden; es ist uns Banner, unter dem wir schreiten, kämpfen und siegen. Das Kreuz ist für uns der große Segen geworden, aus dem wir religiös leben und existieren. Im Kreuz Christi ist unser wirkliches Leben, wie es uns aufgegeben ist, überhaupt erst möglich. Denn im Kreuz Christi ist uns die göttliche Antwort gegeben worden auf die quälendste aller Menschenfragen, warum das Leid uns nicht erspart ist und wie wir mit ihm fertig werden? Die großen anderen Fragen: warum muß ich gehorchen und im Leben mich beugen, was ist christliche Autorität und wie wirkt diese sich aus; und weiter: Woher nehme ich als Christ die Kraft, all das zu tragen und zu tun? Woher kommt mir die Kraft aus der Höhe, wo fließt der Quell der Gnaden, daß ich hingehe und aus ihm schöpfe?

So wollen wir unsere Wanderung durch die Stationen unseres Gottesweges auf Erden heut beschließen auf der Höhe von Golgatha. Des Gnadenwegs erste und letzte, größte und wichtigste Station wollen wir heute betrachten. In ehrfürchtigem Schweigen treten wir unter das Christuskreuz und erwarten Antwort aus der Stille des heiligen Sterbens. Wir fragen den göttlichen Heiland, wir fragen sein blutgerötetes Kreuz nach dem Sinn des großen Ite missa est, wir fragen, was denn da vollbracht worden ist in der peinvollen Bluthochzeit, in der Gottes Sohn mit der Menschheit den Vater vermählt zu ewiger Liebe.

Es ist vollbracht! Der Weg des Leidens, des Kreuztragens, des Gequältwerdens, der Not und der schrecklichen Pein ist ganz zu Ende gebracht. Ärger kann es mit dem göttlichen Heiland nicht getrieben werden. Das Letzte, was der Haß ersinnen, was die Bosheit ausdenken kann, ist das Sterben unter Schmerzen mit Hohn und Spott, in Schadenfreude und Triumphgefühl. Es war ein langer Weg, der in diesem Es ist vollbracht! beschlossen liegt. Er blitzt auf in der sonnigen Kindheit zu Betlehem im Auge des Herodes, der schon das Kind töten will; er führt auf eiligen und verborgenen Wegen in die Verbannung Ägyptens, er geht wie unterirdisch durch die Tage der Verehrung und gläubigen Liebe, durch die Stunde des Erfolgs und der Begeisterung, bis er plötzlich offen daliegt, umrandet vom Neid der Pharisäer, vom Haß der Schriftgelehrten, im fertigen Todesurteil der Hohenpriester: es ist besser, daß einer sterbe als daß das ganze Volk zugrunde gehe. Das Leid und die Qual sind ihren Siegesweg geschritten vom Ölgarten mit seiner Seelenqual zum Haus des Annas und Caiphas, zu Pilatus, zu Herodes, hinauf nach Golgatha. Dort auf dem Bluthügel vollendet der Haß im Triumph sein Werk. Und gerade in dem Augenblick der größten Not, in der Stunde, da die Liebe getötet ist, ist der Haß überwunden, hat die Liebe gesiegt über das Leid. Denn der den Weg des Hasses und der qualvollen Leiden als Opfer geführt worden ist, der tat seinen Mund nicht auf und hat doch mit fein empfindsamen Nerven alle Grade des Schmerzes durchkostet: Die Fieber, die den Körper durchrasen, die Schläge, die die Haut zerreißen, die Nägel, die die Glieder durchbohren; durchkostet hat er alle Schmerzen, die die Seele martern: den Verräterkuß, der nur dreiunddreißig Silberlinge gekostet, die Flucht der Seinen, den Meineid des Petrus, den Haß des Hohen Rates, die Feigheit des Pilatus, den Hohn und das Johlen der Masse. Er ist angeklagt, er habe Hochverrat begangen und Steuerhinterziehung gepredigt, er habe Gott gelästert und ist doch unschuldig. Jesus aber schweigt. Er wird gegeißelt, kein Wort der Empörung. Soldaten treiben ein übermütig Spiel mit dem, der sein Leben verloren, die Dornenkrone winden sie um die Königsstirn, das Spottzepter geben sie ihm in die Rechte, Schlag auf Schlag aufs Haupt und Speichel ins Gesicht. Jesus aber schweigt. In der göttlichen Geduld dieses Opferwegs, im heroischen Schweigen wird das Leid überwunden; wird der Haß besiegt von der ertragenden und duldenden Liebe. Seit Christus am Kreuz gebetet hat: Vater, verzeih ihnen, sie wissen nicht, was sie tun, ist nicht mehr das Recht die höchste und letzte Instanz, sondern die Liebe; seit Christus schweigend und opfernd die Hände ausgebreitet, daß die Nägel sie durchbohren, seit er sterbend drei Stunden am Kreuz gelitten, ist das Leid nicht mehr die große Qual, vor der die Flucht das Beste, sondern im Leid offenbart sich Gotteskraft. Durch den Opfertod Christi wird aus dem Holz der Schande das Mal der Ehre, aus dem Holz des Fluches das gesegnete Holz der Erde.

Doch das Kreuz des Leidens ist nicht etwas, was wir am Karfreitag nur betrachten, um Mitleid zu haben und es dann schnell zu vergessen; Christus braucht Dein Mitleid nicht und meines auch nicht. Als Glieder am Leibe Christi ist das Kreuz auf uns gelegt, daß wir es tragen, wie es unser Haupt Christus getragen hat. Das verlangt der göttliche Heiland ausdrücklich. Wer mein Jünger sein will, der nehme das Kreuz auf seine Schultern und folge mir nach. Leid und Schmerz, unerfüllte Lebenshoffnung, der Kampf mit dem eigenen Blut und die Unruhe des quälenden Zweifels, das Nichtsündigenwollen und das Immerwiedersündigen sind die verschiedenen Erscheinungsweisen dessen, was als Kreuz uns aufgegeben. Steht in der Gesinnung, in der Christus Jesus war, mahnt der hl. Paulus im Hinblick auf das Kreuz Christi.

Es ist vollbracht: Dieser Weg ist nicht nur leidgefüllt; es ist auch ein einziger Weg des Gehorsams. Weil die Sünde Adams bewußter Ungehorsam war, wollte Christus als der zweite Adam, als der neue Mensch im bewußten, vollgültigen Gehorsam gegen den Vater die erste Schuld und alle Menschenschuld gut machen. Über seiner Krippe ist das Psalmenwort erfüllt: ich bin gekommen Deinen Willen zu tun, o Gott! In allen Lebensstunden steht Christus im Dienst des Vaters;

er muß in dem sein, was des Vaters ist; er selbst hat vorgebetet im ersten Vater unser: Dein Wille geschehe! Im Ölgarten, als alle Schrecken des Todes und der Sünde über ihn kommen, da betet er das große Gebet: Vater, lass diesen Kelch vorübergehen, doch nicht mein Wille geschehe, sondern der Deine! Der erste Adam hatte es leicht gehabt, gehorsam zu bleiben. Die Gehorsamstat Christi geht durch das Opfer der blutigen Selbsthingabe. Der hl. Paulus hat dies tief überdacht: er war gehorsam, gehorsam bis zum Tode am Kreuze. Im Kreuze Christi wird der Gehorsam in seinem verborgenen Sinn offenbar. Sein Gehorsam gegen den Vater wird zum Herrschen über die Welt. Bisher war Dienen und Gehorsam Verzicht auf eigenen Willen, Verzicht auf Herrschaft. Gehorsam stand unter dem Zwang des Stärkeren. Nun kommt der Stärkste und erlöst den Gehorsam aus dem Zwang in die Würde der Freiheit. Wenn ich erhöht sein werde, will ich alles an mich ziehen. Christus hat seinen Gehorsam nicht nur im Verborgenen, ungesehen dem Vater geleistet, nein, er hat seinen Gehorsam geübt sichtbaren Menschen gegenüber, als den Stellvertretern Gottes, wie es in der allgemeinen Ordnung gilt. Er war gehorsam gegen Maria und Josef im Kreis der Familie, er war gehorsam gegen die Hoheit des Staates, auch, als er ohne Schuld verurteilt wird. Das Kreuz Christi wandelt nicht nur den Gehorsam aus der Not des Zwanges in die Würde sittlicher Freiheit, das Kreuz Christi hat auch die Autorität der Macht gewandelt in die Autorität der Liebe. Die antike heidnische Autorität gründet im Machtbewußtsein. Oderint dum metuant, mögen sie mich hassen, Hauptsache, sie kriechen. Dem befehlenden Machtmenschen, dem Caesarentyp steht der Sklave gegenüber, der die Peitsche fürchtet und des Henkers Beil. Im Kreuze Christi ist die christliche Autorität der dienenden Liebe begründet. Als Christus seinen Aposteln Autorität gibt über Menschen, da sagt er ihnen, laßt euch nicht gnädige Herren nennen! Als er ihnen Gewalt gibt über sein eigen Fleisch und Blut in der Eucharistie, als er ihnen Macht gibt ihn rufen zu dürfen, sodaß er gehorcht, da kniet er nieder und wäscht den Aposteln die Füße und sagt: so sollt Ihr einander tun, wie ich Euch getan habe; der Größte unter Euch sei wie der Geringste, und der Vorsteher sei wie der Diener.

Wir sind Glieder am Leibe Christi; so müssen wir sein und handeln wie unser Haupt Christus. Stehst Du unter dem Gesetz des Gehorsams, dann bedenke, daß nur der Gehorsam, der aus der Gesinnung Christi, aus der Freiheit und aus der Opferbereitschaft geleistet wird, vor Gott gilt. Bist Du hingestellt, daß Du der erste seist und ist Autorität in Deine Hand gelegt, so sei der Diener und der Letzte von allen! Dann wirst Du erfahren, daß auf die Autorität der dienenden Liebe immer die Antwort sein wird das freudig liebende Dienen.

Es ist vollbracht: Das ganze Werk der Erlösung. Erschlossen sind die Quellen des Heils. Denn Kreuztragen ist drückend und schwer; dienen und gehorchen ist Mühe und Last; Autorität nicht mißbrauchen für sich, sondern auswirken im Dienst christlicher Liebe und Selbstverleugnung, ist eine schwere Aufgabe. Von demselben Christuskreuz, an dem in hl. Opferstunde das Leid überwunden ist, im Gehorsam die Welt überwunden, fließen auch die Gnadenströme, aus denen wir als Glieder am Leibe Christi die Kraft schöpfen zu werden und zu sein, wie Christus Jesus war. Im Blute Christi, das welterlösend aus der Liebe seines Herzens quoll, ist uns Gnade über Gnade geströmt. In sieben Kanälen werden uns die sakramental gefaßten Kräfte in die Seele geleitet. Aus dem Kreuze quillt der Quellbrunnen, aus dem wir geboren sind im hl. Geist zu Gliedern Christi. Vom Kreuz Christi kommt uns die Glaubenskraft: dieser war Gottessohn. Im Kreuze Christi sind die Sünden der Welt, auch unsere Sünden gesühnt und getilgt. Vom Kreuze Christi kommt die erste Absolution: heute wirst Du bei mir sein im Paradiese und die letzte. Am Kreuze ist der Leib und das Blut Christi hingegeben worden, daß wir essen und trinken und das ewige Leben in uns haben. Am Kreuz ist das größte Beten erklungen: Vater, vergib ihnen, denn sie wissen nicht was sie tun; Vater, in Deine Hände befehle ich meinen Geist. Im Kreuz ist das Opfer gebracht, an dem wir teilhaben in jeder hl. Messe. So fließt unser gesamtes Gnadenleben vom Kreuze Christi. So haben wir an allen Abenden in der Predigtstunde unter dem Golgathakreuz gestanden, auch, wenn es nicht immer gesagt worden ist.

Nur wenn wir unter dem Christuskreuz den Gnadenweg gehen in Treue und Liebe, in Buße über unsere Schuld, in Hoffnung auf das letzte Verzeihen unserer letzten Sünde werden wir ans Ziel kommen. Wenn das Kreuz Christi in unserm Leben fest eingesenkt ist, wenn es die neuen christlichen Werte uns nahegebracht, wenn wir der Welt gekreuzigt sind, wie Christus durch die Welt für uns gekreuzigt wurde, wird unsere letzte Stunde erfüllt sein von der tiefen Ruhe wie des Erlösers hl. Sterben.

Wir sind Glieder am Leibe Christi. Das heißt, wir sollen leben und leiden, beten und opfern wie unser Haupt Christus. Mit Christus, durch Christus, für Christus geht der Weg unseres Gnadenlebens. Ist es so, dann dürfen wir auch mit Christus sterben. Christus mein Leben, Sterben ist dann ewiger Gewinn. Dann können wir mit dem göttlichen Heiland beim Scheiden beten: Es ist vollbracht! Das Leben aus Gott und für Gott! Vater, in Deine Hände befehle ich meinen Geist!

Gebet um die Seligsprechung
von Pfarrer Dr. Alfons Maria Wachsmann

Allmächtiger, ewiger Gott,
in großer Bedrängnis hast Du dem
Pfarrer Wachsmann
die Gnade geschenkt,
bis in den Tod für Wahrheit und Gerechtigkeit zu kämpfen.
Du hast uns Pfarrer Wachsmann als Vorbild gegeben,
dass wir gegen das Böse nicht stumm sein sollen.
Er hat sich ganz und restlos und ohne jeden Vorbehalt
Deinem Willen ergeben.
Auf seine Fürsprache hilf uns,
aus Liebe zu Dir alles Widrige zu ertragen,
dem Bösen zu wiederstehen und mit ganzer Kraft
Dir, dem wahren Leben, entgegenzueilen

(...und... - *meine besonderen Anliegen*).

Wir bitten Dich,
wenn es zu Deiner Ehre und
zum Heil der Seelen dienlich ist,
Pfarrer Alfons Maria Wachsmann
vor Deiner Kirche zu verherrlichen und
ihn als Seligen zu verehren zu dürfen.
Durch Christus, unseren Herrn. Amen

Das „Gebet um die Seligsprechung von Pfarrer Dr. Alfons Maria Wachsmann" schrieb Pfarrvikar Maciej Domanski 2019 anlässlich des 75. Jahrestages der Hinrichtung in Brandenburg-Görden.

Lebenslauf.

Ich, Alfons Maria Wachsmann, bin am 25. Januar 1895 in Berlin geboren als Sohn des Kanzleidieners Josef Wachsmann und seiner Ehefrau Valeska, geb. Fluche. Von Ostern 1907 bis August 1914 besuchte ich das Städtische Gymnasium zu St. Elisabeth in Breslau, die Königlichen Gymnasien in Leobschütz und Patschkau. August 1914 trat ich als Kriegsfreiwilliger ins Heer; als Infanterist und Feldartillerist war ich in Rußland, Mazedonien und Frankreich. Schwere Malaria tropica hielt mich lange im Lazarett. Januar 1919 wurde ich aus dem Heer entlassen.

Ich studierte Theologie und Philosophie an der Universität Breslau, wo ich vom Mai 1915 bis Februar 1920 immatrikuliert war. Nach der Priesterweihe am 19. Juni 1921 war ich zwei Jahre Kaplan in Görlitz, dann fünf Jahre Kaplan in Berlin. Seit dem 27. Januar 1929 bin ich Pfarrer in Greifswald.

Hier konnte ich meine philosophischen Studien fortsetzen. Meine akademischen Lehrer waren in der philosophischen Disziplin: Johannes von Allesch, Matthias Baumgartner, Franz Egermann, Leopold Magon, Otto Schmitt, Hermann Schwarz und Kurt Ziegler.

Ihnen allen bin ich zu Dank verpflichtet. Besonders dankbar bin ich Herrn Professor von Allesch, der diese Arbeit geleitet und mit großer Hingebung gefördert hat.

Lebenslauf

25.01.1896	Alfons Maria Wachsmann wird in Berlin geboren
02.02.1896	Taufe am Lichtmesstag in St. Matthias, Berlin
	Familie wohnt in der Alvenslebenstr. 19 II.
1897	Tod des Vaters
1900	Umzug der Mutter mit den Kindern Maria und Alfons nach Polkwitz, Lübener Straße 17 (Schlesien); Besuch der Volksschule
	Lateinunterricht bei Pfr. Paul Schubert
ab Ostern 1907	Besuch des evangelisches St.-Elisabeth-Gymnasiums in Breslau ab Quinta bis 1912, Königliches Katholisches Gymnasium zu Leobschütz 1912/13, Königliches Gymnasium in Patschkau bis 12.08.1914; Wachsmann wird Mitglied der kath. Jugendbewegung „Quickborn"
1914	Kriegsabitur; Wachsmann wird Kriegsfreiwilliger im Infanterie Regiment Nr. 23 (Neisse)
1915	Januar - Entlassung wegen eines Fußleidens; Beginn des Theologiestudiums in Breslau
	Mitglied der kath. Studentenbewegung „Hochland".
1916	Mai - Wachsmann wird wieder zum Militärdienst (Artillerie) eingezogen, Einsatz In Rußland und auf dem Balkan; erkrankt in Mazedonien an Malaria tropica;
1918	Frühjahr - Einsatz an der Westfront bis Kriegsende (Frankreich)
1919	Januar - als Unteroffizier aus dem Heer entlassen; Fortsetzung des Theologiestudiums ab Sommersemester; auf dem ersten deutschen Quickborntag vom 10.-13.08.1919 verkauft er „Bausteine" zur Finanzierung des Kaufs der Burg Rothenfels; Kontakt zu Romano Guardini; Wachsmann ist Pazifist geworden und im Friedensbund deutscher Katholiken tätig
1920/21	Alumnat in Breslau
19.06.1921	Wachsmann wird durch Kardinal Bertram in Breslau zum Priester geweiht
15.08.1921-1924	Kaplan an der Heiligkreuz-Kirche in Görlitz bei Pfr. Franz Brückner; Religionslehrer am Gymnasium Augustum, Lyzeum und an den beiden katholischen Volksschulen; gute Kontakte zu den Grüssauer Benediktinern; Fastenpredigten
1924-1929	Kaplan in der Pfarrei „Herz Jesu", Berlin – Prenzlauer Berg bei Pfarrer Joseph Rennoch; 1925

	Konvertitenunterricht für Künstler Theodor Bogler; Kontakte zu Carl Sonnenschein und Johannes Pinsk; sprach bis 1933 16mal in den Morgenfeiern des Berliner Rundfunks; enge Verbindungen zu Odo Casel sowie Th. Bogler im Benediktinerkloster Maria Laach; Wachsmann schließt sich der Gemeinschaft der Benediktiner-Oblaten an
27.01.1929	Alfons Maria Wachsmann kommt nach Greifswald und wird als Pfarrer der kath. Pfarrei „St. Joseph" eingeführt; Gefängnis-, Krankenhaus- und Studentenseelsorger und für die polnischen Saisonarbeiter, Standortpfarrer im Nebenamt
1930	Bischof Christian Schreiber, der Bischof des am 13.08.1930 neu gegründeten Bistums Berlin, besucht Greifswald und bittet den neuen Pfarrer die Kirche zu renovieren
1930-1932	Renovierung der Kirche. In dem neuen Altar lässt er die Worte aus dem Glaubensbekenntnis „Et iterum venturus est" (=und er wird wiederkommen) einmeißeln. Die Ausstattung (Kreuz, Tabernakel, Figur des Auferstandenen) stammt von seinem Freund u. späteren Doktorvater, Prof. Johannes von Allesch; der expressionistische Kreuzweg von Studienrat Martin Pautsch (Gleiwitz)
01.05.1932	Kirchweihe durch Bischof Christian Schreiber
1930-1939	Vortragsreisen in ganz Deutschland
1934	Er beginnt mit Verschickungen von Kindern, damit sich die Kinder in katholischer Umgebung auf die Erstkommunion vorbereiten können
01.03.1935	Dr. phil. an der Greifswalder Universität („Zur Einbettung des Religiösen in den Gesamtablauf des Seelischen auf Grund von Protokollen katholischer Studenten").
Dez. 1938	Schließung der katholischen Schule
12.06.1940	aus dem Waisenhaus werden ca. 50 Kinder zunächst nach Stralsund und später von dort mit unbekanntem Ziel verbracht; das Waisenhaus (jetzt Pfarrer-Wachsmann-Haus) wurde dann fast 50 Jahre von der Uni-Klinik genutzt
1933-1942	Wachsmann macht keinen Hehl über seine Abneigung gegen das NS-Regime; erzählt entsprechende Witze, hört BBC und Radio Vatikan
23.06.1943	Im Nachklang zum „Fall Stettin", bei dem mehrere katholische Priester und Laien in Pommern verhaftet

	und verurteilt wurden, soll Wachsmann verhaftet werden; er ist aber an diesem Abend im St.-Otto-Heim in Zinnowitz und wird dort verhaftet
24.06.1943 Fronleichnam	Wachsmann wird nach Greifswald gebracht und im Gestapogebäude (ehemalige Wilhelmstr. 37/38, jetzt Erich-Böhmke-Str.) verhört, über die Bahnhofstr. an der St.-Joseph-Kirche vorbei zum Bahnhof geführt; er kommt zunächst nach Stettin ins Gestapo-Gefängnis und 5 Wochen danach in die dortige Untersuchungshaftanstalt; im August zeitweise Überführung wegen Fliegergefahr ins Zuchthaus Gollnow; aus Stettin wird er für den Prozess nach Moabit und später nach Tegel (25.11. 1943-05.01.1944) überführt
05.11.1943	Beginn des Prozesses vor dem Volksgerichtshof wegen „Wehrkraftzersetzung und Verstoß gegen das Rundfunkgesetz" unter Volksgerichtshofpräsident Roland Freisler
04.12.1943	Todesurteil durch den Volksgerichtshof; Wachsmann werden die Hände in Fesseln gelegt.
05.01.1944	Überführung in die Todeszelle nach Brandenburg-Görden
21.02.1944	Hinrichtung durch das Fallbeil

Vivas in Deo!

24.02.1944	Maria Wachsmann erwirkt die Freigabe des Leichnams, so dass die Beisetzung auf dem Städtischen Friedhof in Brandenburg möglich wird.
31.05.1951	Überführung nach Greifswald und Beisetzung auf dem Alten Friedhof; Weihbischof Tkotsch segnete die neue Ruhestätte ein
18.02.1984	Umbettung; Pontifikalrequiem mit dem Bischof von Berlin, Joachim Kardinal Meisner; anschließende Beisetzung auf der Südseite der St.-Joseph-Kirche
April 1998	Rehabilitierung von Pfarrer Dr. Alfons Maria Wachsmann

Kriegsfreiwilliger 1914

3. Uebersicht über die Abiturienten.

a) Verzeichnis der auf Grund des Ministerialerlasses vom 1. August 1914 UII Nr. 1956 geprüften und mit dem Notreifezeugnis entlassenen Primaner.

Nr. seit 1876.	Namen	Tag und Ort der Geburt	Stand und Wohnort des Vaters	Der Eintritt ins Heer ist erfolgt	Truppengattung	Klasse	Halbjahr der Prima	Konfession
476	Gerhard Jopke	29. 4. 1895 i. Leobschütz	† Amtsgerichtsrat in Leobschütz.	„	Pionierbatl. Nr. 6 Neisse.	U I	3.	evang.
477	Max Lorenz	15. 11. 1888 in Schweidnitz.	Pflegevater: emerit. Pastor in Peterswaldau, Rg. Breslau.	„	Freiw. Krankenpfleger, Lazarett Neisse.	O I	8. mit viell. Unterbr.	evang.
478	August Münster	11. 7. 1894 in Zobten a. B.	Schuhmachermeist. in Zobten a. B.	„	Feld-Art. Rgt. Nr. 42 Schweidnitz.	O I	3.	kath.
479	Richard Nickisch	25. 7. 1891 in Neumarkt.	Gastwirt in Nippern, Kr. Neumarkt.	„	Gren. Regt. Nr. 11 Breslau.	O I	3.	kath.
480	Georg Olschinka	12. 8. 1895 in Cosel O/S.	† Gastwirt in Cosel O/S.	„	Inf. Regt. Nr. 62 Cosel.	O I	3.	kath.
481	Johann Pewniak	5. 2. 1894 in Ciswica, Kr. Jarotschin	Wagenwärter a. D. in Patschkau.	„	Feld-Art. Regt. Nr. 41 Glogau.	O I	5.	kath.
482	Alfons Pfeiffer	21. 8. 1892 in Berlin.	Kunstschlosser in Oranienburg.	„	Inf. Regt. Nr. 156 Beuthen.	U I	5.	kath.
483	Franz Pietruschka	10. 5. 1892 in Gleiwitz.	Lehrer in Gleiwitz.	„	Inf. Regt. Nr. 22 Gleiwitz.	O I	5.	kath.
484	Max Posamonik	11. 9. 1894 in Lipine O/S.	Gastwirt in Pschow O/S.	„	Pionierbatl. Nr. 6 Neisse.	U I	5.	kath.
485	Theodor von Raszewski	11. 10. 1892 in Jasien, Kr. Kosten.	Rittergutsbesitzer in Jasien, Pr. Posen	„	Husar.-Regt. Nr. 16 Schleswig.	O I	7.	kath.
486	Richard Schneider	16. 2. 1893 in Kreuzburg O/S.	Registrator in Kreuzburg.	„	Landw. Inf. Regt. Nr. 10 Breslau.	U I	3.	kath.
487	Martin Sommer	14. 9. 1894 in Brieg, Rgb. Breslau.	Lehrer in Brieg.	„	Feld-Art. Regt. Nr. 21 Neisse.	U I	3.	evang.
488	Joseph Sylla	1. 4. 1893 in Poppelau.	† Häusler in Poppelau, Kr. Oppeln.	„	Feld-Art. Regt. Nr. 21 Neisse.	O I	5.	kath.
489	Hermann Vollus	11. 9. 1894 in Charlottenburg.	Geldbriefträger in Charlottenburg.	„	2. Gardeinf. Regt. zu Fuss, Berlin.	O I	7.	kath.
490	Alfons Wachsmann	25. 1. 1896 in Berlin.	† Kanzleidiener in Berlin.	„	Inf. Regt. Nr. 23 Neisse.	O I	3.	kath.
491	Alois Wirth	28. 1. 1894 i. Ziegenhals.	† Steuerassistent in Brieg, Rgb. Breslau.	„	Inf. Regt. Nr. 23 Neisse.	O I	5.	kath.

Quelle: Bericht von Direktor Dr. Mikolajczak / Königliches Gymnasium zu Patschkau : über das Schuljahr 1914/15 : S. 22 : Digitalisierte Ausgabe: Düsseldorf : Universitäts- und Landesbibliothek, 2014
https://nbn-resolving.org/urn:nbn:de:hbz:061:1-323321

Auszug aus seiner Predigt zu Allerseelen
(Chrysologus 69, 1928/29, S. 873 ff)

Requiem aeternam.

„Am Allerseelentag, da muß ich hinaus mit meinem Gedanken auf die Schlachtfelder des Krieges. Nicht das Grausige und Schreckliche will ich in der Erinnerung wecken, vor dem die Seele einst gebebt in Stunden wirklichen Erlebens, als das Jünglingsherz geweiht wurde zum Mannesherz; nicht Kanonendonner und Mörsergebrüll, nicht das Unmenschliche, Unbegreifliche des Bajonettangriffs aus Oktobertagen 1914, nein, das alles soll tief begraben sein in heimlicher Seele, vergessen will ich's und nie mehr wissen; am Allerseelentag, da zieht meine Seele hinaus auf den Kampfplatz im Abendfrieden, wenn der Pulverrauch verweht ist und durchs Nachtgewölk der Abendstern leuchtet. Dann muß ich auch heute noch auf stille Feldwacht ziehen und Wache halten bei den Toten. Nach Ostpreußen ziehe ich und stehe bei Lyck auf einsamer Wacht und der Königsgrenadier von 17 Jahren schaut mir ins Auge. In der Hand die Winkerflagge, im Kopf die Kugel und im Auge das sieghafte Leuchten. Mit siebzehn Jahren lachend gestorben. Requiem aeternam. Du stiller, glücklicher Schläfer, leb wohl! Nach Mazedonien muß ich ziehen zu den Kameraden mein, die dort nun schlafen; mehr hat sie tödliches Giftfieber dahingerafft als tödliches Blei. Ihr Helden des stillen Duldens, des langen Siechens, des allmählichen Sterbens. O, wie hast du in deinen Fieberträumen nach der Heimat dich gesehnt und nach den Lieben, wie hast du auf Frieden gehofft und nicht geahnt, wie nahe der ewige Frieden. Kein Glockenturm läßt abends des Glöckleins geweihten Klang über dein stilles, heißes Grab fluten, der Moslim schreitet vorüber und grüßt dich im roten Fez. Requiem aeternam dona eis Domine.

Nach Frankreich ziehe ich in Gedanken und halte Totenwacht an Somme, Aisne, Oise. Wer zählt euch all, ihr stillen Schläfer, die ihr mit uns gestanden Tag für Tag? Die Flüsse, die euer Herzblut einst getrunken und es zum Meer geführt, sie singen euch das Totenlied."

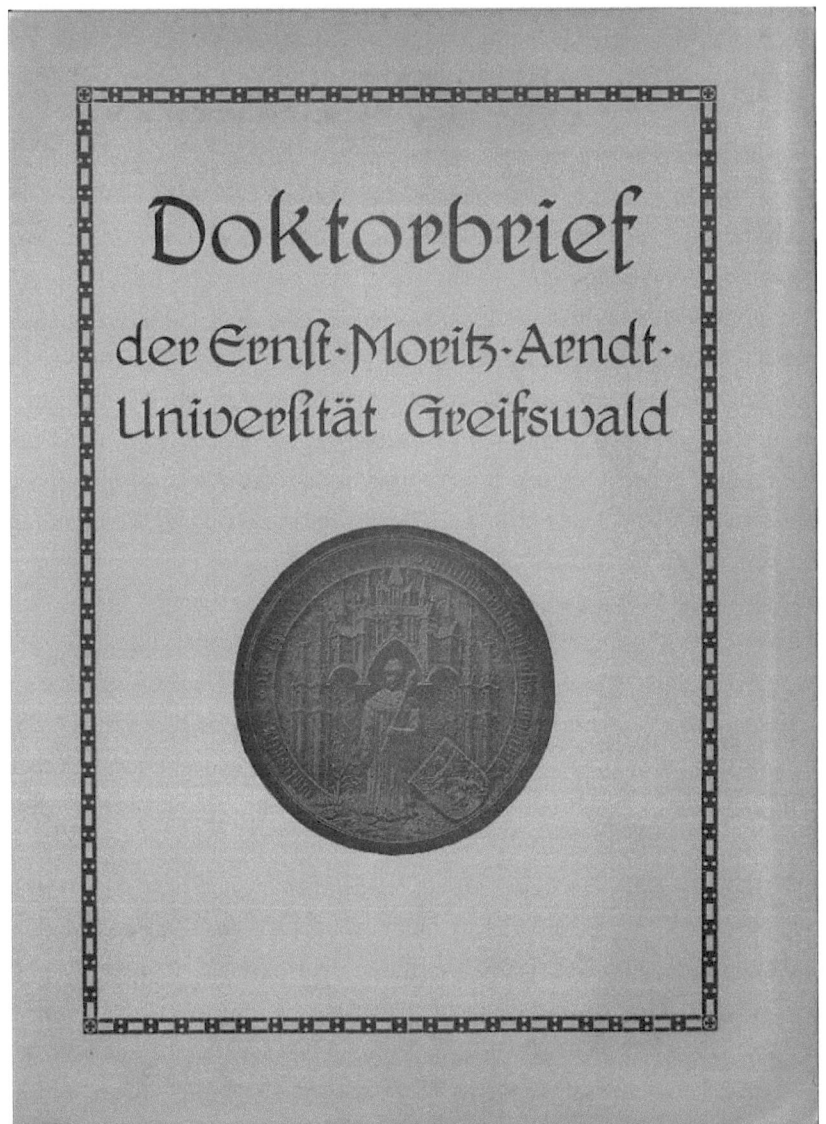

Die Philosophische Fakultät
der Preußischen Ernst-Moritz-Arndt-Universität
zu Greifswald
ernennt hierdurch

Alfons Maria Wachsmann

aus Greifswald

auf Grund einer als gut beurteilten Abhandlung „Zur Frage der Ein=
bettung des Religiösen in den Gesamtablauf des Seelischen auf Grund
von Protokollen katholischer Studenten" sowie seiner am 17. Juli 1934
mit sehr gut bestandenen mündlichen Prüfung zum Doktor der Phi=
losophie und verleiht ihm die mit dieser Würde verbundenen Rechte.

Greifswald, den 1. März 1935.

gez. E. Leick
Dekan der Philosophischen Fakultät.

Titel der Doktorarbeit:

„Zur Frage der Einbettung des Religiösen in den Gesamtablauf des Seelischen
auf Grund von Protokollen katholischer Studenten"

Mündliche Prüfung 17. Juli 1934

Verleihung 01. März 1935

Fronleichnamsprozession 1939

Pfarrer Dr. Alfons Maria Wachsmann während der Fronleichnamsprozession 1939 in Greifswald vor dem damaligen Waisenhaus (heute Pfarrer-Wachsmann-Haus)

Am 24.06.1943 (Fronleichnamstag) wird Pfarrer Dr. Alfons Maria Wachsmann vom Gestapogebäude (ehemalige Wilhelmstr. 37/38, jetzt Erich-Böhmke-Str.) aus, entlang der Bahnhofstraße an dieser Stelle vorbei, zum Bahnhof von der Gestapo abgeführt und nach Stettin gebracht.

Am 31.05.1951, nachdem durch Weihbischof Tkotsch aus Berlin gehaltenen feierlichen Pontifikalrequiem für Pfarrer Dr. Alfons Maria Wachsmann, wird der Sarg im Leichenzug an dieser Stelle vorbei zum Alten Friedhof in der Wolgaster Straße überführt und dort beigesetzt.

Am 18.02.1984, nach dem Pontifikalrequiem mit dem Bischof von Berlin, Joachim Kardinal Meisner, wird sein Sarg an dieser Stelle vorbei getragen und anschließend auf der Südseite der St.-Joseph-Kirche beigesetzt.

Beerdigung der Mutter Valeska 1941

Seine Mutter Valeska und seine Schwester Maria zogen aus Schlesien nach Greifswald ins Pfarrhaus, so dass Maria als Pfarrhaushälterin für ihren Bruder tätig werden konnte.

Valeska Wachsmann verstarbt am 17.12.1941 in Greifswald. Nach dem Trauergottesdienst in der St.-Joseph-Kirche, den ihr Sohn Pfarrer Dr. Alfons Maria Wachsmann hielt, wird sie auf dem Neuen Friedhof beigesetzt.

Am 29.05.1951 erfolgt die Umbettung von Valeska Wachsmann auf den Alten Friedhof. Am 31.05.1951 wird neben ihr Pfarrer Dr. Alfons Maria Wachsmann beigesetzt.

Von Maria Wachsmann handschriftlicher angefertigter Auszug aus dem Brief vom 11.02.1944

Brief vom 11.02.1944 an Maria Wachsmann

10 Tage vor seiner Hinrichtung

Auszug aus einem Brief den mein Bruder mir durch den Anstaltspfarrer Herrn Anton Scholz übermitteln ließ, der <u>nicht durch die Zensur</u> ging. –

Absatz: Heut sind es 70 Tage, daß ich Tag und Nacht gefesselt bin wie ein Raubmörder! Unterarm u. Hände bis in die Fingerspitzen schmerzen, daß ich die Wände hoch gehen könnte! Ich schreibe diese Zeilen gefesselt unter Schmerzen. Dein Gnadengesuch ist abgelehnt. Ich habe Hunger wie ein Wolf und esse auch schlechte Kartoffeln. Ausser Pfr. Scholz spreche ich keine Silbe. Fast jede Nacht Alarm, wir bleiben gefesselt. Wenn Hinrichtungen sind, bis 25 auf einmal (3* i. d. Woche). Nachm. 4 Uhr, dann bringe ich Gott das Opfer meines Lebens u. übe mich für die Stunde, wenn sie kommt.

Ich bete vor dem Sanctiesm. das ich bei mir habe, für die morituri u. beschwöre d. Herz Christi, daß keiner verloren gehe, daß sie getragen v. d. Liebe Christi zum Vater gehen. Der, der mit mir gefesselt u. hier gebracht wurde, ist schon i. d. ewigen Heimat. Ich bete tägl. für ihn.

Wer wird von 2 – 4 für mich beten, wenn ich in die Agonie Christi hineingenommen werde?

Welch eine Gnade, daß einem die Tränen geblieben sind u. der Mensch, wenn alles aufhört noch weinen kann! - -

Sanctissm. - Sanctissimum, die lateinische Bezeichnung für das »Allerheiligste«.

Morituri – Todgeweihte

Das Original des Briefes vom 11.02.1944 wird im Diözesanarchiv Berlin (DAB V/86– ...) aufbewahrt.

In den maschinenschriftlichen Briefabschriften, die nach dem Tod von Pfarrer Wachsmann 1944 angefertigt wurden und in der Greifswalder Gemeinde von Hand zu Hand gingen, findet sich dieser Passus nicht, auch kein Hinweis darauf, dass dieser Brief nicht auf dem offiziellen Weg an Maria übermittelt, sondern vom Gefängnispfarrer Anton Scholz aus dem Gefängnis geschmuggelt und ihr übergeben wurde.

lesen und meditiert. Und doch welch Ewiges Leuchten, welch göttlicher Glanz blitzt auf, wenn ich sie lese als einer, der am Rande der Welt steht und in der Sterbekerze Christus, das Licht der Welt erkennt. Jetzt ist mein ganzer Tag Gebet. Ob ich lese oder sinne, ob ich meine Sünden beweine oder für die Barmherzigkeit denke, immer stehe ich vor Gott. Wenn meine Stunde kommt, hoffe ich, dass Christus mich hinüberreicht zum Vater. Wenn Gott unser heisses Gebet erhört, dass ich wieder am Altare stehen darf, dann will ich die Barmherzigkeit preisen in Ewigkeit. Ich möchte in diesem Fall irgend-wo ganz still opfern, beten und wirken.

Nun liebe Minna, muss ich Dir sagen, dass ich ohne Unterlass für Dich bete und Gott den überströmenden Dank meines Herzens sage, dass er Dich mir geschenkt hat. Ich habe Dir im Leben nicht viel Zärtlichkeit gesagt und getan, aber ich habe Dich geliebt und war und bin stolz auf meine fromme und so gute Schwester. Ach könnte ich Dir doch noch einmal würdig danken. Jetzt bleibt mir nur die tägl. Begegnung vor Gott! Sei so lieb und sage ein Wort Dankes allen, die ein gutes Wort an mich oder für mich geschrieben oder gesagt haben, bes. Erich und Hans in Potsdam. Möchte es Gott für sie und für mich segnen. Jetzt zähle ich die Tage bis Du kommst. Hoffentlich lebe ich dann. Grüsse alle herzlich von mir.

Sei Du herzlich gegrüsst und umarmt von Deinem getreuen und so dankbaren Bruder Alfons, der immer bei Dir ist, der auf Dich sich freut und hofft, mit Dir wieder zusammen sein zu dürfen.

Brandenburg/H/Görden, 11.2.1944.

Liebe Maria!

Wenn Du diese Zeilen erhältst, sind wir schon in der Fastenzeit. Sie in diesem Jahre zu gestalten, ist durch die Situation gegeben. Ich faste ja schon über 8 Monate, habe also Übung darin. Ich will daher dieses Fasten heiligen im Gebet. Manchmal möchte ich müde werden, wie einer, der nicht mehr kann. Dann hilft Gott mit seiner Gnade. Als besondere Busse will ich in Geduld die Fesseln tragen, die ich schon über 70 Tage trage, die mich furchtbar quälen und schmerzen. Was ich mit den Händen gesündigt habe! Um mich zu trösten und zu stärken denke ich oft daran, wie Christus Fesseln trug, wie Petrus und Paulus in Fesseln lagen. Im März ist er der 9. Herz-Jesu-Freitag! Ich weiss, dass Du alles mit mir trägst, aber ich bitte Dich, fasste Du nicht! Sorge, dass Du gesund bleibst. Wir wollen zusammen beten, dass Gott uns barmherzig sei. An die Einsamkeit fange ich mich gewöhnt und fange an, sie zu lieben. Ich entdecke langsam Talent zum Mönch. Als Trost und Spruch der Woche merke Dir von Bloy: "Es gibt nur eine Traurigkeit, diejenige, kein Heiliger zu sein." Für Deinen letzten Besuch bin ich Dir sehr dankbar. Es ist der Lichtpunkt, die gezählten Minuten Deines Hierseins sind die Kraftreserven für die nächsten Wochen. Nun hoffe ich wieder bis Du hier bist. Im Herzen werde ich noch ruhiger. Mein Leben liegt in Gottes Hand. Meine Existenz ist geborgen in der Gnade dessen, der am Kreuze hingerichtet ist. Die Form meines Lebens: zu hoffen auf die Barmherzigkeit und Treue Gottes. Die Passion ist die Weise, wie der Mensch von der geistigen Einsicht zur Realisierung Christi gnadenvoll geführt wird. Ein schmerzlicher, aber doch süsser Weg. Am schwersten wird mir die Geduld. O, was kann ich noch ungeduldig beten. All meine Sorgen, Schmerzen und Gebete opfere ich für die Gemeinde auf. Die bete täglich für jeden Einzelnen. Am meisten und inbrünstigsten für Dich. O, dass wir doch wieder nebeneinander knien dürfen. Sehr gefreut habe ich mich über die Zeilen aus Göttingen. Schreibe ihnen doch, mir sind vor Freude über die tiefe Religiosität die Tränen gekommen. Ich denke ihrer in besonders dringlicher Weise. Bitte grüsse Schwester Oberin, Angela, und alle, alle! Grüsse Peters Frau und beide Mädels. Sage Frau Mol.ich bestürme Gott jeden Tag und auch nachts für Otto, Karl und Norbert. Dir selbst die herzlichsten Grüsse und den gesammelten Dank von Deinem Bruder, dem nichts mehr gehört, nicht einmal das Leben. Auf baldiges Wiedersehen. Schreibe bald.

Seite 8 aus einer maschinenschriftlichen Abschrift der Briefe auf Durchschlagpapier mit dem Brief vom 11.02.1944.

Brandenburg/H/Görden, 11.2.1944.

Liebe Maria!

Wenn Du diese Zeilen erhälst, sind wir schon in der Fastenzeit. Sie in diesem Jahr zu gestalten, ist durch die Situation gegeben. Ich faste ja schon über 8 Monate, habe also Übung darin. Ich will daher dieses Fasten heiligen im Gebet. Manchmal möchte ich müde werden, wie einer, der nicht mehr kann. Dann hilft Gott mit seiner Gnade. Als besondere Buße will ich in Geduld die Fesseln tragen, die ich schon über 70 Tage trage, die mich furchtbar quälen und schmerzen. Was ich mit den Händen gesündigt habe. Um mich zu trösten und zu stärken denke ich oft daran, wie Christus Fesseln trug, wie Petrus und Paulus in Fesseln lagen. Im März ist es der 9. Herz-Jesu-Freitag! Ich weiss, dass Du alles mit mir trägst, aber ich bitte Dich, faste Du nicht! Sorge, dass Du gesund bleibst. Wir wollen zusammen beten , dass Gott uns barmherzig sei. An die Einsamkeit habe ich mich gewöhnt und fange an, sie zu lieben. Ich entdecke langsam Talent zum Mönch. Als Trost und Spruch der Woche merke Dir von Bloy: „Es gibt nur eine Traurigkeit, diejenige, kein Heiliger zu sein.‟ Für Deinen letzten Besuch bin ich Dir sehr dankbar. Es ist der Lichtpunkt, die gezählten Minuten Deines Hierseins sind die Kraftreserven für die nächsten Wochen. Nun hoffe ich wieder bis Du hier bist. Im Herzen werde ich noch ruhiger. Mein Leben liegt in Gottes Hand. Meine Existenz ist geborgen in der Gnade dessen, der am Kreuze hingerichtet ist. Die Form meines Lebens: zu hoffen auf die Barmherzigkeit und Treue Gottes. Die Passion ist die Weise, wie der Mensch von der geistigen Einsicht zur Realisierung Christi gnadenvoll geführt wird. Ein schmerzlicher, aber doch süsser Weg. Am schwersten wird mir die Geduld. O, was kann ich noch ungeduldig beten. All meine Sorgen, Schmerzen und Gebete opfere ich für die Gemeinde auf. Ich bete täglich für jeden Einzelnen. Am meisten und inbrünstigsten für Dich. O, dass wir doch wieder nebeneinander knien dürfen. Sehr gefreut habe ich mich über die Zeilen aus Göttingen. Schreibe ihnen doch, mir seien vor Freude über die tiefe Religiosität die Tränen gekommen. Ich denke ihrer in besonders dringlicher Weise. Bitte grüsse Schwester Oberin, Angela, und alle, alle! Grüße Peters Frau und beide Mädels. Sage Frau Mol. Ich bestürme Gott jeden Tag und auch nachts für Otto, Karl und Norbert.
Dir selbst die herzlichsten Grüsse und den gestammelten Dank von Deinem Bruder, dem nichts mehr gehört, nicht einmal das Leben. Auf baldiges Wiedersehen. Schreibe bald.

45

V e r f ü g u n g .

I. Am Montag, den 21. Februar 1944, werden in der hiesigen Anstalt folgende Todesurteile vollstreckt:

Auf Anordnung des Oberreichsanwalts beim Volksgerichtshof, Berlin:

1. Eduard   R i s c h . . . . kath.
2. Ivan   P e t e r . . . . kath.
3. Alfred   K o w a l k e . . . . religionslos
4. Franz   B r o u c e k . . . . kath.
5. Alfons   W a c h s m a n n . . . . . kath.

          Eröffnung . . . . . 13,30 Uhr
          Vollstreckung . . . 15,00 "

Auf Anordnung des Gerichts der Division Nr. 463, Potsdam:

1). ehm. Gren. Albert   T i l s n e r . . . . Rel. unbekannt
2). "   Pionier Robert   H a c k e m a n n . . "   "

          Eröffnung . . . . . 11,00 Uhr
          Vollstreckung . . . 13,00 "

Auf Anordnung des Gerichts der Division Nr. 433, Frankfurt/Oder:

1).   T i e t z e (nähere Angaben unbekannt) Rel. unbekannt
2).   S c h m i d t   "   "   "   "
          Eröffnung . . . . . 11,00 Uhr
          Vollstreckung . . . . 13,00 "

Auf Anordnung des Gerichts der Wehrmachtkommandantur, Berlin:

1). Otto   F r o m m . . . . Rel. unbekannt
2). Hermann   K ö p p e l . . . . "   "
3). Walter   J o c k i s c h . . . . "   "
4). Senir   L a s i c (Serbe) . . . . "   "

          Eröffnung . . . . . 11,00 Uhr
          Vollstreckung . . . 13,00 Uhr.

II. Die Leichen werden, wenn keine anderweitige Verfügung ergeht, an die Polizeiverwaltung Brandenburg (Havel) ausgeliefert.

III. Zur Kenntnis und weiteren Veranlassung:

Herrn Reg. Med. Rat Dr. E b e r h a r d ,
  "   Pfarrer   B a r t z ,
  "   S c h o l z ,
  "   Wirtsch.Inspekt.   B o t h g e ,
  "   I. Hauptmeister   V i e t o ,
  "   I. "   S e e g e r   und
der Annahme.   Brandenburg(Havel)-Görden, d.
                                        19.2.44
                                Der Vorstand des Zuchthauses.

                                Oberre...

Vollstreckung 21.02.1944 Rep.29 Zuchthaus Brandenburg, Gen. 101 S.40

Die Hinrichtungsverfügungen des Jahres 1944 für die Hinrichtungsstätte des Zuchthauses Brandenburg-Görden werden im Brandenburgischen Landeshauptarchiv im Bestand Rep. 29 ZH Brandenburg Gen. 101 aufbewahrt.

Laut Auskunft der Gedenkstätten Brandenburg an der Havel wurden am 21.02.1944 zwölf Männer hingerichtet, zwei jugoslawische Männer, ein Österreicher sowie neun Deutsche. Sie wurden vom Volksgerichtshof oder den zuständigen Wehrmachtsgerichten verurteilt: Viermal wegen Wehrkraftzersetzung (wie auch Pfarrer Wachsmann), dreimal wegen Vorbereitung zum Hochverrat, dreimal wegen Fahnenflucht, einmal wegen Urkundenfälschung, ein Urteilsgrund ist unbekannt. Der zuständige Schafrichter war Ernst Röttger.

Im Gedenkgottesdienst anlässlich des 75. Jahrestages der Hinrichtung von Pfarrer Dr. Alfons Maria Wachsmann wurden die Namen aller am 21.02.1944 in Brandenburg/Görden hingerichteten Opfer verlesen und für jeden eine Kerze angezündet und vor dem Altar aufgestellt.

Auszug aus Brief Nr. 123 Pius XII. an Bischof Preysing 21.03.1944

„Zugunsten der vor Gericht gezogenen und verurteilten Priester, für die du Unsere Vermittlung anriefst, haben Wir seinerzeit umgehend und später noch einmal [h] Uns verwandt[1]. Nun ersehen Wir aus deinem letzten Schreiben, dass Pfarrer Wachsmann[2], an dessen Rettung dir so viel gelegen war, bereits den Schritt in die Ewigkeit hat tun müssen. Wir verstehen deine wie des Bischofs von Osnabrück[3] seelische Qual. Wir beten für den Heimgegangenen, wie Wir den anderen Verurteilten in ihrer schweren Not Unseren väterlichen Trost und besonderen Segen senden.”

„[h] *Getilgt* hier bei der Botschaft und in Berlin durch Unseren Nuntius

[1] Es handelte sich um die in Stettin verhafteten Priester; vgt. Brief Nr. 112.

[2] Der Greifswalder Pfarrer Dr. Alfons Maria Wachsmann, geb. 1896, wurde mit seinen beiden Kaplänen am 23. Juni 1943 im Zusammenhang mit der Stettiner Affäre verhaftet und am 21. Februar 1944 hingerichtet. Vgl. H. Kühn, Blutzeugen S. 115—132. Preysing schrieb am 27. Februar 1944: Er ist in den Tod gegangen, würdig seines Amtes und seiner Vergangenheit, gefasst und in den Willen Gottes ergeben (A. E. S., CARTE Pio XII).

[3] Bischof Berning, der sich sehr für die inhaftierten und zum Tod verurteilten Priester verwendet hatte.”

Nr. 123 : Pius XII. an Bischof Preysing/Berlin : Vatikan 1944 März 21
In: Die Briefe Pius' XII. an die deutschen Bischöfe : 1939 - 1944 / hrsg. von Burkhart Schneider : Mainz : Matthias-Grünewald-Verl., 1966, XLVI, 381 S., S. 289-293, Auszug aus S. 293

Pontifikalrequiem am 31.05.1951 in Greifswald

Maria Wachsmann bemühte sich seit 1945 darum, die Überführung ihres Bruders nach Greifswald in die Wege zu leiten, der die Behörden erst nach mehreren Jahren zustimmten. Auf dem Alten Friedhof hatte sie einen Begräbnisplatz für ihre Mutter und ihren Bruder erworben. Am 31.05.1951 fand das Pontifikalrequiem in der St.-Joseph-Kirche statt.

Die am Pontifikalamt teilnehmenden Geistlichen stellen sich vor dem Pfarrhaus für den feierlichen Einzug in die St.-Joseph-Kirche auf

Beim feierlichen Einzug folgen die engsten Angehörigen den Geistlichen in die Kirche

Weihbischof Paul Tkotsch von Berlin hielt unter Mitwirkung des Domherrn und Generalvikars Georg Puchowski sowie des Domvikars und Bischöflichen Zeremoniar Friedrich Hilbig, beide Kursgenossen von Wachsmann in Breslau, das feierliche Pontifikalrequiem in der bis zum letzten Platz gefüllten Kirche. Konsistorialrat Prof. Dr. Pinsk würdigte Leben, Weg und das tapfere Sterben seines Freundes Alfons Maria Wachsmann.

Start der Prozession in der Bahnhofstr am 31.05.1951

Bei strahlendem Sonnenschein führte die Prozession auf der Bahnhofstraße, vorbei am ehemaligen Waisenhaus (heute Pfarrer-Wachsmann-Haus) und der Pfarrer-Wachsmann-Straße (seit 1946), über die Goethestraße bis zum Alten Friedhof in der Wolgaster Straße.

Viele katholische Geistliche aus dem Bistum Berlin, Vertreter der evangelischen Gemeinden sowie Abordnungen der Universität und der Stadt Greifswald nahmen an der Beerdigung teil

Die neue Ruhestätte wurde von Weihbischof Tkotsch eingesegnet und Domherr Puchowski würdigte seinen ehemaligen Studienfreund als vorbildlichen katholischen Priester.

Ein Vertreter der Vereinigung der Verfolgten des Naziregimes (VVN) ehrte Pfarrer Dr. Alfons Maria Wachsmann an seinem Grab.

Den Fahnenträgern folgen in der Prozession die Ministranten, dann die katholischen Geistlichen mit Weihbischof Tkotsch

Beisetzung von Pfarrer Dr. A. M. Wachsmann auf dem Alten Friedhof

+

Betet für die Seele des Pfarrers

DR. PHIL. ALFONS MARIA

WACHSMANN

geboren am 25. Januar 1896 in Berlin

getauft am Lichtmeßtag 1896
in St. Matthias, Berlin,

zum Priester geweiht am 17. Juni 1921
in Breslau,

in die Ewigkeit abberufen
am 21. Februar 1944.

Der Heimgegangene wirkte als
Priester:
1921-1924 in Görlitz an Hl. Kreuz,
1924-1929 in Berlin an Herz Jesu,
1929-1944 in Greifswald.

Trauerzettel für Pfarrer Dr. Alfons Maria Wachsmann

Stätten der Erinnerung

In Greifswald:

* Die letzte Ruhestätte von Pfarrer Dr. Alfons Maria Wachsmann befindet sich seit 1984 neben dem Südschiff der katholischen Propsteikirche „St. Joseph" in Greifswald.

* Das ehemalige Waisenhaus neben der Kirche trägt seit 1994 den Namen „Pfarrer-Wachsmann-Haus". Hier befinden sich die Katholische Studentenge-meinde, der Katholische Kindergarten und eine Station der Ordensschwestern.

* 1946 wurde die auf die St.-Joseph-Kirche zuführende Seitenstraße der Bahnhofstraße in „Pfarrer-Wachsmann-Straße" umbenannt. An der Ecke Bahnhofstraße ist eine Gedenktafel für ihn angebracht.

* Wer von der St.-Joseph-Kirche die Rubenowstraße stadteinwärts geht, fin-det links hinter der Fußgängerbrücke am Wall in einer kleinen Parkanlage die Büste von Pfarrer Dr. Wachsmann, die der Bildhauer Klaus Freytag geschaffen hat. Sie wurde am 14.05.1985 aufgestellt.

In Zinnowitz:

* Hier führt die Dr. Wachsmann-Straße bis zum Kinderkurheim St. Otto, indem er am 23.06.1943 verhaftet wurde.

* Seit 2006 erinnert eine Stele an Dr. Carl Lampert, Johannes ter Morsche, Gerardus Pelkmann, Tadeus Siekierski, Dr. Alfons Maria Wachsmann, Pfarrer Vincenz Plonka und Luise Feike.

In Berlin-Mitte, St. Hedwig Kathedrale:

* In der Krypta: auf einer der 3 kupfernen Tafeln an der Wand sind die Namen

der Widerstandskämpfer des NS-Regimes im Bistum Berlin verzeichnet:

Dr. WACHSMANN, Alfons Maria, Pfarrer Greifswald, 1896 – 1944

In Görlitz:

* Dr. Alfons-Maria-Wachsmann-Siedlung

* Gedenktafel an der katholischen Heilig-Kreuz-Kirche

* Stolperstein vor der katholischen Heilig-Kreuz-Kirche

Webseite der Pfarrei Sankt Otto:
https://sankt-otto.de/page/74/pfarrer-wachsmann

Wikipedia-Eintrag
Datum der Seitenerstellung   16:48, 18. Apr. 2007
https://de.wikipedia.org/wiki/Alfons_Maria_Wachsmann

Anklageschrift vom 04.10.1943
https://de.wikipedia.org/wiki/Datei:PfarrerWachsmannAnklage1.jpg

Urteil vom 04.12.1943
https://de.wikipedia.org/wiki/Datei:PfarrerWachsmannUrteil1.jpg

Veröffentlichungen von Pfarrer Dr. A. M. Wachsmann

Mein Tagwerk ist getan
In: Hochland! : eine Feldgabe der katholischen Neustudentischen Verbindung
„Hochland" / herausgegeben von Anton Klövekorn (Keppeln); M. Gladbach :
Volksvereins-Verlag, 1918, 190 S.; S. 145-147
Online-Ausgabe Berlin : Staatsbibliothek zu Berlin - Preußischer Kulturbesitz,
2012
http://resolver.staatsbibliothek-berlin.de/SBB0000A49700000000

15. Mein Tagwerk ist getan. Von Kanonier A. M.
Wachsmann (im Felde) 145

Das Problem von Leib und Seele im Sinne der Liturgie
In: Korrespondenz-Blatt für katholische Jugendpräsides; Band 31, 1927, Heft
7/8

Von der Einführung der Reformation in Brandenburg
In: HEINRICH BACHMANN (Hrsg.), Das katholische Berlin, München; 1929; S.
23-25

Delegaturrat Pfarrer Szillus
In: Märkischer Kalender / Hrsg.: Presse-Apostolat : Katholisches Kirchenblatt
Berlin, Schildhornverlag ; Berlin : 1929, S. 76-79

Katholisches Kind in katholischer Schule!
In: Märkischer Kalender / Hrsg.: Presse-Apostolat : Katholisches Kirchenblatt
Berlin, Schildhornverlag ; Berlin : 1930, S. 83-86

Von Carl Sonnenschein.
In: Bonifatiusblatt für höhere Schulen, Januar 1931, 9 (1931), 5
S. 130-133,136-141

Von der Not, daß Not nicht beten lehrt
In: Märkischer Kalender / Hrsg.: Presse-Apostolat : Katholisches Kirchenblatt
Berlin, Schildhornverlag ; Berlin : 1931, S. 85-88

Diasporapredigt : zur Vorbereitung der bischöflich verordneten Kirchenkollekte für den Bonifatiusverein
Paderborn : Bonifacius-Druckerei; 1931; 8 S.; im Amtsblatt des Bischöflichen
Ordinariats Berlin ; 3,6 : Beil.

Eine Primizpredigt in Maria-Laach
In: Liturgische Zeitschrift 5, 1932/33, S. 41 ff.

Vom christlichen Gnadenleben : [Ein Cyclus von Fastenpredigten]
Breslau : Franke; 1933; 67 S.
Online-Ausgabe Wolfenbüttel : Herzog August Bibliothek, 2014
http://diglib.hab.de/drucke/wa-4577/start.htm

Zur Not der Diaspora
In: Priester-Jahrheft des Bonifatius-Vereins 1935, 16–31.

Zur Frage der Einbettung des Religiösen in den Gesamtablauf des Seelischen auf Grund von Protokollen katholischer Studenten
Hochschulschrift: Greifswald, Univ., Diss., 1935
Online-Ausgabe Greifswald: Universitätsbibliothek, 2015
https://digitale-bibliothek-mv.de/viewer/resolver?urn=urn:nbn:de:gbv:9-g-4886882

Das Religiöse im Gesamtablauf des Seelischen
Paderborn: Bonifacius-Druckerei; 1935; 155 S.

Zur Situation der Diaspora : Sie dem Verständnis aller Katholiken nahezubringen
Paderborn: Bonifacius-Druckerei; 1936; 16 S.
Online-Ausgabe Greifswald: Universitätsbibliothek, 2015
https://digitale-bibliothek-mv.de/viewer/resolver?urn=urn:nbn:de:gbv:9-g-4889830

Im Geist des Guten Hirten : Predigtskizze zum Bonifatiustag
Paderborn: Bonifacius-Druckerei;1939; im Amtsblatt des Bischöflichen Ordinariats Berlin ; 11,14: Beil.

"Wehe mir, wenn ich nicht predigte"! : 27 Feiertags-, Gelegenheits- und Sonntagspredigten / Alfons Maria Wachsmann. [Hrsg.: Katholische Propsteigemeinde St. Joseph, Greifswald]. - Greifswald, 2007. - 146 S.

Morgenfeier
Sonntag, den 13. Februar 1927
Berliner Rundfunk auf Wellenlänge 483,9
9 Uhr
Kpl. Alfons Maria Wachsmann:
Das Problem Körper und Seele im Sinne der Liturgie
In: Die europäischen Sende-Programme, Beilage der Zeitschrift „Radio-Wien",
München, 13. Februar 1927

Alfons Maria Wachsmann sprach bis 1933 sechzehn Mal in den Morgenfeiern
des Berliner Rundfunks.

Laut Mailauskunft des DRA Infoservice vom 01.11.2018 sind Aufnahmen mit
Pfarrer Wachsmann leider nicht überliefert. In den Katalogen der Reichs-
Rundfunkgesellschaft taucht der Name Wachsmann nicht auf. „Das spricht dafür, dass Wachsmann live im Rundfunk gesprochen hat. Allerdings wurde -
wie so oft in der damaligen Zeit - leider nicht mitgeschnitten und archiviert."

Veröffentlichungen über Pfarrer Dr. A. M. Wachsmann

Pfarrer Dr. Alfons Maria Wachsmann
In: Landeszeitung für Mecklenburg-Vorpommern, 22.09.1946
https://digitale-bibliothek-mv.de/viewer/image/PPN815770685/159/

Kühn, Heinz : **Blutzeugen des Bistums Berlin**. Klausener, Lichtenberg, Lambert, Lorenz, Simoleit, Mandrella, Hirsch, Wachsmann, Metzger, Schäfer, Willimsky, Lenzel, Froehlich; Berlin: Morus-Verl., 1950, 190 S., (S. 115-132)

Im Schatten des Galgens : Zum Gedächtnis der Blutzeugen in der national-sozialistischen Kirchenverfolgung. Darstellung u. Dokumente / Hrsg.: Walter Adolph : Berlin : Morus-Verl., 1953,107 S.

Fischer, Karl : **Von den Seinen verraten...** Alfons Maria Wachsmann
In: Christlicher Widerstand gegen den Faschismus, Berlin : Union Verl. (1955), S. 91-95

Du hast mich heimgesucht bei Nacht : Abschiedsbriefe und Aufzeichnungen des Widerstandes 1933-1945 / hrsg. von Helmut Gollwitzer : 4. Aufl. : München : Kaiser, 1956, 485 S.

Herberhold, Franz: **A. M. Wachsmann : ein Opfer des Faschimus**; Leben und Tod des Greifswalder Pfarrers Dr. Alfons Maria Wachsmann, hingerichtet am 21. Februar 1944; Leipzig : St. Benno-Verl., 1963; 159 S.

Nr. 123 : Pius XII. an Bischof Preysing/Berlin : Vatikan 1944 März 21
In: Die Briefe Pius' XII. an die deutschen Bischöfe : 1939 - 1944 / hrsg. von Burkhart Schneider : Mainz : Matthias-Grünewald-Verl., 1966, XLVI, 381 S. S. 289-293

Kemper, Benedicta Maria : **Pfarrer Alfons Maria Wachsmann**
In: Priester vor Hitlers Tribunalen. - Leipzig : St.-Benno-Verl., 1970, S. 444-452

Alfons Maria Wachsmann / Hrsg.: Haus der Jungen Pioniere "Martin Andersen Nexö" Greifswald.
In: Das Gestern lebendig für das Leben von heute, Greifswald, (1979), S. 15-18

Dr. Alfons Maria Wachsmann
In: St. Hedwigsblatt – Katholisches Kirchenblatt im Bistum Berlin, Bd. 31 (1984), 7, Ausgabe vom 12.02.1984, S. 1

Gründer, Fridolin : **Die Wahrheit verpflichtet** : Pfarrer-Wachsmann-Denkmal enthüllt
In: Begegnung, Berlin : Verl. Begegnung, 1961 25(1985), 7,S. 23

Hoffmann, Hermann : Im Dienste des Friedens : Lebenserinnerungen eines katholischen Europäers, Stuttgart: Theiss, 1970, 490 S., ISBN 3-8062-0041-6, S. 230

Fischer, Gerhard : **Diener der Wahrheit** – Alfons Maria Wachsmann
In: Antifaschistisches Erbe - Mythos oder Auftrag? : Lehren aus dem Widerstand von Christen in Deutschland; Berlin : Union-Verl., 1986; 163 S.; ISBN: 3-372-00005-6, S. 70-83

Wittschier, J. Bernd : Märtyrer 33/45: **Dr. Alfons Maria Wachsmann** – Pfarrer in Greifswald
In: Theologisches : katholische Monatsschrift, ISSN: 1612-6165, Bd. 18 (1988), 2, S. 81-83
http://www.theologisches.net/files/18_Nr.2.pdf

Jonkisch, Beate : **Schule des Kreuzes : zum Gedenken an den katholischen Pfarrer Alfons Maria Wachsmann**
In: Begegnung. - Berlin : ISSN: 0005-7800, 29 (1989) 2, S. 30

100 Jahre KDStV Alemannia zu Greifswald und Münster im CV 1891 - 1991 / hrsg. von Hans Wachsmann : Münster : Burlage, 1991, 340 S., S. 43-47, S. 62

Rose, Ambrosius : **Alfons Maria Wachsmann (1896-1944)**
In: Schlesische Kirche in Lebensbildern ; 6. Breslau : 1992 - 377 S., S.156-159

Subklew, Marianne : **Die Gnadengesuche sind erfolglos geblieben** : Greifswalder katholischer Pfarrer wurde vor 51 Jahren zum Tode verurteilt
In: Die Kirche : evangelische Wochenzeitung Berlin, 1945 49(1994), 50, S. 6

Der (fast) vergessenen Märtyrer Greifswalds
In: Vorpommern-Magazin Greifswald : MV-Verl., 2004 25(2018), 1, S. 20

Knauft, Wolfgang : **"Fall Stettin" ferngesteuert** : Berlin : Bischöfliches Ordinariat, 1994, 64 S.

Grewolls, Grete : **Wachsmann, Alfons Maria**
In: Wer war wer in Mecklenburg-Vorpommern?. Bremen : Ed. Temmen, 1995. - 487 S. - 1995, S. 454

Brühe, Matthias : **125 Jahre St.-Joseph-Kirche Greifswald 1871 - 1996**
: eine Festschrift zum Jubiläum / hrsg. von der Katholischen Propsteigemeinde
Greifswald St. Joseph, 1996, 130 S., S.45-53, 61, 64, 70, 75, 76, 95, 97, 106,
107, 109

Wachsmann will never die : zum 100. Geburtstag von Alfons Maria Wachsmann
In: Journal der Ernst-Moritz-Arndt-Universität Greifswald // Rektor der Ernst-
Moritz-Arndt-Universität. - Greifswald : Univ., ISSN: 1434-5862, Bd. 7 (1996),
1, S. 3

Pechmann, Edmund von : **Kein Blatt vor dem Mund** : Alfons Maria Wachsmann wäre in dieser Woche 100 Jahre alt geworden
In: Die Kirche / Sonntagsblatt für Vorpommern, Bd. 2 (1996), 4, S. 7

Hartmann, Ulrich : **Wahrhaftigkeit und Freiheit waren seine Sache** :
zum 100. Geburtstag Pfarrer Wachsmanns
In: Ostsee-Zeitung / Greifswalder Zeitung. - Rostock : Ostseezeitung GmbH,
44(1996), 21(25.1.96), S. 17

Beu, Andrea ; Sokoll, Gabriele : **Alfons Maria Wachsmann**
In: Beu, Andrea: : Greifswalder Tafel-Runde. - Berlin : Schelzky & Jeep;
(1996), S. 126-127

Karge, Wolf : **Alfons Maria Wachsmann**
In: Karge, Wolf: Bestandsaufnahme politischer Memoriale des Landes Mecklenburg-Vorpommern. – Schwerin, (1998), S. 21, 24, 32, 445, 481

Knauft, Wolfgang : **Konrad von Preysing** - Anwalt des Rechts : der erste
Berliner Kardinal und seine Zeit : Berlin : Morus, 1998, 368 S, ISBN: 3-87554-
326-2, S. 183, 188, 192,

Sauser, Ekkart : **Wachsmann, Alfons Maria**
In: Biographisch-bibliographisches Kirchenlexikon ; Bd. 13: Voltaire, François
bis Wolfram von Eschenbach - Hamm (Westf.) : Bautz, (1998), Sp. 125-126

Amling, Torsten : **Pfarrer Dr. Alfons Maria Wachsmann endlich rehabi-
litiert** - Nazi-Urteil gegen katholischen Priester aufgehoben
In: Katholische Kirchenzeitung, Wochenzeitung für das Erzbistum Berlin, Nr.
2/99 vom 17. Januar 1999
http://www.gember.de/public_html/rubriken/kirchenzeitungs-
achiv/jahr1999/2_99_wachsmann.html

Wachsmann, Alfons Maria
In: Deutsche biographische Enzyklopädie; Bd. 10: Thibaut – Zycha. - München [u.a.] : Saur, (1999), S. 266

Jahnke, Karl Heinz : **Dr. Alfons Maria Wachsmann**
In: Marie ter Morsche kann ihren Vater nicht vergessen : Widerstand gegen Hitlers V-Waffen in Zinnowitz und Peenemünde 1942/43 : Rostock : Koch, 2001, 182 S, ISBN: 3-935319-13-4, S. 142-147 sowie S. 7, 79, 123/124,

Jahnke, Karl Heinz : **Dr. Alfons Maria Wachsmann (1896-1944)**
In: Jahnke, Karl Heinz : Marie ter Morsche kann ihren Vater nicht vergessen. - Rostock : Koch, 2001, S. 142-147

Pruß, Ursula : **Pfarrer Dr. Alfons Maria Wachsmann**
In: Zeugen für Christus : das deutsche Martyrologium des 20. Jahrhunderts, Paderborn [u.a.] Schöningh, 2001, 3. durchges. Auflage, Band 1, S. 114-117

Pruß, Ursula : **Alfons Maria Wachsmann : (1896-1944)**
In: Zeugen einer besseren Welt. - Leipzig : Evang. Verl.-Anst., 2002, S. 209-224

Terror und "Normalität" : Urteile des nationalsozialistischen Volksgerichtshofs 1934 - 1945 ; eine Dokumentation / Klaus Marxen; Holger Schlüter. Hrsg. vom Justizministerium des Landes NRW, Düsseldorf, 2004, 369 S., S. 300-302

Pruß, Ursula : **Alfons Maria Wachsmann : (1896-1944)**
In: 75 Jahre Bistum Berlin. Hrsg. von Michael Höhle (=WJ 44/45.2004/05). Heiligenstadt 2005, S. 124-134.

Warmann, Hans-Gerd : **Widerstand aus Glauben :** Pfarrer Alfons Maria Wachsmann starb am 21. Februar 1944 unter dem Fallbeil
In: Heimatkurier. Schwerin : 2001-, 02.03.2009, S. 27

Illmann, Norbert; **Gedenkstätten auf der Insel Usedom**
In: Selig die um meinetwillen verfolgt werden : Carl Lampert - ein Opfer der Nazi-Willkür ; 1894 - 1944 / Richard Gohm (Hg.), 2008, 440 S., ISBN 978-3-7022-2961-0, S.362-367

Baum, Ludwig : **Alfons Maria Wachsmann** – Widerstand im dritten Reich
In: Die Vorträge des Dr. Ludwig Baum : der moderne Mensch zwischen humanistischer Bildung und religiöser Verantwortung / Adolf Finger (Hrsg.). - 1. Aufl. - Göttingen : Cuvillier, 2009. - 303 S. : ISBN 978-3-86955-185-2 :ISBN 978-3-86955-269-9, S. 237-252

Grewolls, Grete : **Wachsmann, Alfons Maria**
In: Wer war wer in Mecklenburg und Vorpommern. Rostock : Hinstorff, 1.
Aufl., 2011. - 1 DVD-ROM (mit E-Book im PDF- und EPUB-Format) - 2011

Barbers, Meinulf: **Friedensbemühungen im Quickborn (bis 1946)**
In: Referat beim Frühlingstreffen des Quickborn 2016, 05.03.2016, auf Burg
Rothenfels
https://www.quickborn-ak.de/friedensbemuehungen-im-quickborn-bis-1946/
Auskunft vom 09.05.2019: Teilname Alfons Maria Wachsmann an der Frie-
denskonferenz vom 19. bis 22. April 1927 in Warschau

Schumacher, Hans-Jürgen : **Der Wächter** :
In: Greifswalder Lesebuch. Greifswald : Karl-Lappe Verlag, Originalausgabe,
2017. – 175 S. - 2017, S. 145-152

Goritzka, Anja : **Gegen die Unfreiheit** : auf den Spuren des katholischen
Priesters Alfons Maria Wachsmann
In: Mecklenburgische & Pommersche Kirchenzeitung. Kiel : Ev. Presseverlag
Nord GmbH, : 73 (2018) 25, S. 13

Marx, Sybille : **Bekommt Greifwald einen eigenen „Seligen"?**
In: Ostsee Zeitung, 12:40 Uhr 29.06.2018
https://www.ostsee-zeitung.de/Vorpommern/Greifswald/Bekommt-Greifwald-einen-ei-
genen-Seligen

Dr. Alfons M. Wachsmann (1896 – 1944) – Pfarrer in Greifswald (1929 -
1944) -Stätten der Erinnerung in Vorpommern – Ein Wegweiser : Katholische
Gemeinde St. Joseph, 1. Auflage, 2018, 1 Faltblatt

Goritzka, Anja : **Theologe und Glaubenszeuge**
In: Tag des **Herrn**, Katholische Wochenzeitung für das Erzbistum Berlin und
die Bistümer Dresden-Meißen, Erfurt, Görlitz und Magdeburg, 02.02.2019
https://www.erzbistumberlin.de/medien/tag-des-herrn/aktuelle-beitraege/reingele-
sen/news-title/theologe-und-glaubenszeuge-3821/

Umfangreiche Ehrung eines pommerschen Märtyrers : zum 75. Todes-
tag ist eine umfangreiche Biografie von Pfarrer Alfons Maria Wachsmann er-
schienen
In: Vorpommern-Magazin. Greifswald : MV-Verl., 26 (2019) 1, S. 10

Schumacher, Hans-Jürgen : **Am Ende ist das Licht :** Alfons Maria Wachsmann, Lebensstationen eines Pfarrers, Widerstandskämpfers und Märtyrers / im Auftrag der Katholischen Probsteigemeinde St. Joseph zu Greifswald. - Elmenhorst : Edition Pommern, [2019]. - 223 Seiten. : Illustrationen. ; ISBN 978-3-939680-48-2

Wenske, Jürgen : **Stolperstein für Blutzeuge wider den Nationalsozialismus** : Pfarrer Alfons Maria Wachsmann
In: Frank Nürnbergers Oberlausitzer Heimatkalender. Spitzkunnersdorf : Autoren- und Verlagsservice Frank Nürnberger, 2019. – Bände

Kuhn, Thomas : **Alfons Maria Wachsmann. Eine historisch-theologische Einordnung** - Öffentlicher Abendvortrag, 25.01.2019, Greifswald
auf der Interdisziplinäre Fachtagung: Theologe Seelsorger Glaubenszeuge - Studientag zum Gedenken an Alfons M. Wachsmann
https://idw-online.de/de/attachmentdata70696.pdf
https://www.wiko-greifswald.de/mediathek/beitrag/n/alfons-maria-wachsmann-eine-historisch-theologische-einordnung-42103/

Kuhn, Thomas : **„Wenn man schon diese Pfaffengesichter und Verbrecherbande sieht ..."** – Katholische Priester in Pommern als Opfer des Nationalsozialismus
In: Katholische Priester als Opfer des Nationalsozialismus : Gedenktag für die Opfer des Nationalsozialismus am 27. Januar 2020 in Greifswald / Universität Greifswald, 2020. - 38 Seiten. : ISBN 978-3-86006-481-8,), S. 22-38
https://www.uni-greifswald.de/storages/uni-greifswald/1_Universitaet/1.4_Geschichte/1.4.3_Universitaet_im_NS/1.4.3.1_Gedenktage/2020/UR_152_NS-Gedenktag_2020-Einzelseiten.pdf

Schmidt, Raphael : **Görlitzer Kaplan neuer Seliger?** – Alfons Maria Wachsmann
In: Tag des **Herrn**, Katholische Wochenzeitung für das Erzbistum Berlin und die Bistümer Dresden-Meißen, Erfurt, Görlitz und Magdeburg, 28.01.2021
https://www.tag-des-herrn.de/seligsprechung-von-ehemaligem-goerlitzer-kaplan-wachsmann-geprueft

Anlässlich des 75. Jahrestages der Hinrichtung von Pfarrer Wachsmann wurden 2019 zwei Radiobeiträge und ein Videobeitrag im Nordmagazin gesendet:

17.02.2019	NDR 1 Radio MV: Treffpunkt Kirche
21.02.2019	Radio-Beitrag von Franziska Koch
21.02.2019	Beitrag in NDR Nordmagazin von Franziska Koch „Gedenktag für Pfarrer Wachsmann in Greifswald (0`30)

Nr.1

Archivnummer:	2023839
Bestand:	Tonträger DRA Babelsberg
Gesamtdauer:	14´20
Autor:	Beeskow, Hans-Joachim (Manuskript)
Haupttitel:	Christen im Widerstand: Würdigung des katholischen Pfarrers Alfons Maria Wachsmann
Reihentitel:	Lebendige Geschichte

Abstrakt:

Auszug aus einem Brief Alfons Maria Wachsmanns an seine Schwester / Herkunft, Kindheit, Jugend und Theologiestudium / Militärdienst im Ersten Weltkrieg, Arbeit als Kaplan in Görlitz und Versetzung nach Berlin / sein soziales Engagement in Berlin / Beschreibung seiner Persönlichkeit / die wachsende Opposition in der Katholischen Kirche, welcher sich Wachsmann anschloß, gegen den Nationalsozialismus / seine Verhaftung, die Gerichtsverhandlung gegen Wachsmann und seine Verurteilung zum Tode //

Produzent:	Wissenschaft/ Radio DDR (Rundfunk der DDR)
Programmkennung:	Radio DDR II
Datum:	26.02.1989
Anfang:	13:05:00

Nr. 2

Archivnummer: S010838
Bestand: NDR Schwerin (Norddeutscher Rundfunk)
Gesamtdauer: 3'27
Abstrakt

An Alfons Maria Wachsmann erinnert heute in Greifswald das gleichnamige Haus der katholischen Kirche. Auch die Straße gegenüber wurde nach ihm benannt. Wachmann war von 1929 bis 1943 Pfarrer in der Hansestadt. Ein Jahr später wurde er verurteilt und hingerichtet, wegen Wehrkraftzersetzung und Verstoß gegen das Rundfunkgesetz, wie es hieß...

Redakteur:	Amling, Torsten
Sender:	NDR
Datum:	25.01.1996

Nr. 3

Archivnummer:	7001350
Bestand:	DRadio Köln (Deutschlandradio)
Haupttitel:	Pfarrer Alfons Maria Wachsmann an seine Schwester
Titel:	Briefe zur Weihnachtszeit - aus zwei Jahrhunderten
Materialart:	Schallplatte (Vinyl)

Quickborn - Bildarchiv Burg Rothenfels - Auskunft vom 09.05.2019

Im Registerband des Bildarchives wird auf S. 198 auf die Reproduktion der Aufnahme Nr. 10/1/26 mit dem Bildmotiv „Der erste deutsche Quickborntag" (Aufnahme-Datum: 1919, 10.-13. Aug, Aufnahme-Ort: Burg Rotenfels, Fotograf: ?, Repro-Nr: 88) verwiesen. Bildbeschreibung: Schon werden Fotoalben mit Tagungsbilder des Rothenburger Fotografen Konrad Schwab feilgeboten, durch Alfons Maria Wachsmann und Heinrich Brezler, in Gegenwart von Bernhard Strehler (re. an der Wand)

Im Fotoband des Bildarchives findet sich auf S. 563 die Reproduktion der Aufnahme Nr. 18/6/22 mit dem Bildmotiv Alfons Maria Wachsmann (Aufnahme-Datum: 1922, Aufnahme-Ort: als Kaplan in Berlin). Bildbeschreibung: War 1919 zum Ersten Deutschen Quickborntag auf der Burg. Auf mehreren Fotos von damals zu sehen. Später Pfarrer in Greifswald, dort im 3. Reich denunziert, zum Tode verurteilt und am 22.2.1944 in Brandenburg hingerichtet.

Abteilung V
Repositur 86: Wachsmann, Alfons Maria

Bestandsübersicht DAB V/86–1

1. Familie. Wachsmann, Maria, Lebenslauf (1950)
2. Zeugnisse. Ernennungen (1896–1951)
3. Inhaftierung. Briefwechsel mit Wachsmann, Maria (1943–1944)
4. Anklageschrift / Urteil des Volksgerichtshofs (1943)
5. Bücherverzeichnis Wachsmanns [o. Dat.]
6. Diverser Schriftverkehr (1923–1928, 1930–1943)
7. Schriftverkehr / Kontoauszüge (1942–1943)
8. Rechnungen (1943)
9. Schriftverkehr zu kontroverser Veröffentlichung im Kath. Sonntagsblatt (1924)
10. Sammlung Schwerdtfeger (1947)
11. Materialsammlung Singelnstein, Paul (1995)
12. Bericht von Stein, Helmi, geb. Schröder, Münster [o.. Dat.] [Prov.: Singelnstein]
13. Immatrikulationsliste Universität Greifswald (Sommersemester 1931)
14. Kondolenzen (1943) 1944–1953 (1965)
15. Schriftverkehr des Nachlasser mit Mutter und Schwester, Postkarten von Dritten (1917–1943)

DAB V/86–2
1. 3 kleine Adreßbücher [o. Dat.]
2. Schriftverkehr A–O (1923–1928)

DAB V/86–3
1. Schriftverkehr P–Z (1923–1928)

DAB V/86–4
1. Schriftverkehr mit Familie Funk, Görlitz (1923–1927)

DAB V/86–5
1. Predigten, gedruckt [v.a. Chrysologus]
2. Predigten, maschinenschriftlich (1924–1932)
3. Predigten, maschinenschriftlich [o. Dat.]
4. Predigtmanuskripte und Notizen, eigenhändig
5. Manuskripte und Notizen, eigenhändig
6. Predigtfragmente
7. Sammlung Diversa

DAB V/86–6
1. Sammlung Herberhold, Franz [1. – 6.]
Enthält: Gefängnisbriefe Wachsmanns (1943–1944), Kostenrechnung der Hinrichtung (1944), Rednerdienst. Reichslehrgemeinschaft Partei- und Wehrmachtschulung, Nr. 24/25, 1. Dezember 1944, S. 199 f.
2. Schriftverkehr Wachsmann, Alfons Maria – Herberhold, Franz (1931–1943)
3. Schriftverkehr Herberhold, Franz – Wachsmann, Maria u..a. (1943–1965, 1968)
4. Schriftverkehr Herberhold, Norbert – Singelnstein, Paul (1995–1996)
5. Zeitungsausschnitte [o. Dat.]
6. Typoskripte zur Geschichte der katholischen Pfarrei St. Joseph Greifswald [o. Dat.]
7. Sammlung Wahl, Hildegard

Umfang: 0,6 lfd. m
Laufzeit: 1918–1995
Erschließungszustand: Findbuch
Benutzung: vgl. § 6 Ziff. 3 b) BODAB

http://dwww.dioezesanarchiv-berlin.de/bestaende/abteilung-v/bestand-v86/

Pfarrer Dr. A. M. Wachsmann Archiv (Greifswald)

In Vorbereitung auf den 75. Jahrestag der Hinrichtung von Pfarrer Dr. Alfons Maria Wachsmann wurde in der Pfarrei St. Joseph begonnen, ein Archiv einzurichten, um dort noch vorhandene maschinen- und handschriftliche Predigten, Fotos und weitere Unterlagen zusammenzuführen und aufzubewahren, sowie Literatur von und über ihn zu sammeln.

Das Archiv befindet sich im Pfarrer-Wachsmann-Haus und wird ehrenamtlich vom Pfarrer-Wachsmann-Kreis aufgebaut.

Da die Unterlagen sehr fragil und zum Teil vom Papierzerfall betroffen sind, hat die Gemeinde St. Joseph 2015 einen Kooperationsvertrag mit der Universitätsbibliothek der Universität Greifswald abgeschlossen, um die Dokumente im Digitalisierungszentrum scannen und in die Digitalen Bibliothek Mecklenburg-Vorpommern aufnehmen zu lassen. Die von Pfarrer Dr. Alfons Maria Wachsmann veröffentlichten Schriften sind seit 2015 urheberrechtsfrei. Seine in der Universitätsbibliothek aufbewahrte Dissertation und die Veröffentlichung „Zur Situation der Diaspora" konnten deshalb digitalisiert und über die Digitale Bibliothek Mecklenburg-Vorpommern frei zugänglich gemacht werden.

Inzwischen wurden die von Pfarrer Wachsmann redigierte Entwurfsfassung der Fastenpredigten und weitere seiner Predigten digitalisiert.